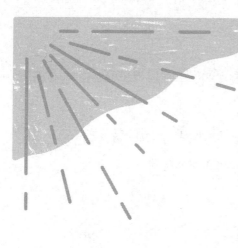

大夏书系·教育新思考

教育
可以不同

让教育
多一种可能

JIAOYU
KEYI BUTONG

张祖庆 _____ 著

华东师范大学出版社
ECNUP
全国百佳图书出版单位
·上海·

图书在版编目（CIP）数据

教育可以不同：让教育多一种可能 / 张祖庆著 . —上海：
华东师范大学出版社，2022
ISBN 978-7-5760-2905-5

Ⅰ.①教… Ⅱ.①张… Ⅲ.①教育研究 Ⅳ.① G40-03

中国版本图书馆 CIP 数据核字（2022）第 095871 号

大夏书系·教育新思考

教育可以不同：让教育多一种可能

著　　者　张祖庆
责任编辑　卢风保
责任校对　杨　坤
装帧设计　奇文云海·设计顾问

出版发行　华东师范大学出版社
社　　址　上海市中山北路 3663 号　　邮编　200062
网　　址　www.ecnupress.com.cn
电　　话　021-60821666　　行政传真　021-62572105
客服电话　021-62865537
邮购电话　021-62869887　　地址　上海市中山北路 3663 号华东师范大学校内先锋路口
网　　店　http：//hdsdcbs.tmall.com/

印 刷 者　北京季蜂印刷有限公司
开　　本　700×1000　16 开
印　　张　15.5
字　　数　253 千字
版　　次　2022 年 9 月第一版
印　　次　2024 年 10 月第四次
印　　数　8 101-9 100
书　　号　ISBN 978-7-5760-2905-5
定　　价　59.80 元

出 版 人　王　焰

（如发现本版图书有印订质量问题，请寄回本社市场部调换或电话 021-62865537 联系）

代序：
让我们依然怀有新梦想

明明知道任何领域都不会突然变好，作为教师的我们，在新的学期里依然怀有小小的新梦想。

我梦想，"减负"不再是一次又一次的"狼来了"。我梦想，四部委、政协、人大以及社会各界的干预、呐喊、呼吁，能够有效"减负"。我梦想，"以生为本"的教育，不再是"以分为本"的"叫育"。我梦想，各地中小学不再有学生因不堪排名或各种重压选择轻生。我梦想，中考季、高考季，考生们都以平常心对待考试，每一所初中、高中不再用大幅标语悬挂门口，宣告又有多少学子迈进重点高中、重点大学。我梦想，那些成为高考状元的孩子不再被媒体反复爆炒。

我梦想，班主任老师不用再累得像条狗，而是做个正常的人。我梦想，各种无理无聊的征文、检查不再形式主义地侵吞班主任的时间。我梦想，孩子们课间游戏、玩耍不小心摔着了，家长也不会把罪责记在班主任头上。我梦想，每个家长都能做好孩子的表率，而不是夜深人静了还扰老师清梦。我梦想，每个科任老师都可以管理好自己的课堂，不再动不动找班主任算账。

我梦想，各类培训能够真正有用、管用，不再打着福利的名义侵占老师的休息时间。我梦想，教师培训设计者能够真正坐下来找老师聊聊，倾听老师的需求，设计有吸引力的课程。我梦想，每个参训老师都能满怀期待地走进现场，兴致勃勃地参与讨论，意犹未尽地走出培训场所。我梦想，大部分的培训师不再滔滔不绝地讲，而是让老师们认认真真地做。

我梦想，寒暑假不再轻易被剥夺，双休日不再轻易被挪用。我梦想，可以拥有完整的假期，带着攻略、带着诗篇走向远方。我梦想，教师外出旅行不再被规定不许晒朋友圈。我梦想，经过一个假期修整与充电，每个老师都带着满脸的笑意、满满的收获、壮壮的身体，投入到新的学期。我梦想，每一个老师都能饱含激情地在新学期的课堂上和学生分享精彩的假期生活。我梦想，我们的校长带头去践行"不会休息的老师，也就不会工作"的理念。

我梦想，我们的校园安静点再安静点，学校要经得起各种浮躁与诱惑。我梦想，各种检查各种参观，少一点，再少一点，让老师在教室里好好教书、静心育人。我梦想，学校少一些一厢情愿的一刀切的顶层设计，多一些自下而上的自我探索。我梦想，我们的课程改革不是高喊口号，"大放卫星"，而是小步前进，温和改良。我梦想，各地教育局长能擦亮双眼，绝不迷信神话，不搞课改运动，而是基于当地，借鉴外地，适度融合，稳妥创新。

我梦想，我们的教育科研不要那么急功近利。一个课题不要做一年就有累累硕果。我梦想，我们的成果是用脚走出来的，而不是用手写出来的，更不是用嘴吹出来的。我梦想，所有的研究都不是水稻——春天播种，夏天收获，而是银杏树——爷爷栽种，孙子摘果。我梦想，更多的改革者能有"板凳甘坐十年冷"的耐心和沉静，不再把构想当成果，把宣传当业绩，把偶然的小创新吹成必然的大辉煌。我梦想，所有的教育实验拥有严谨的设计、实证的精神，而不是凭空推想、捏造数据。

我梦想，教师被当作正常的人，得到正常的休息，获得正常的尊重，享受正常的权利。我梦想，人们不再喊教师是"人类灵魂的工程师"，也不再把教师当作"燃烧的蜡烛"。我梦想，我们的领导不只是在教师节、六一儿童节的时候，想起师生、走近师生，说几句秘书写好的话，送一些公家买的礼物，握几下握过千遍的手，拍几张笑容灿烂的照，上一些当地头条，而是真正走进一线了解基层疾苦，解决底层烦忧。

我梦想，我们的教育媒体，拥有良知和底线，不再以爆炒热点作为自己的生存之道。我梦想，社会各界对教师工作多一份理解，少一份指责，更不要见风就是雨，偶尔出了个违背师德的就把教师群体一概抹黑。我梦想，由真正懂教育的人担任局长出台一些真正惠及百姓、教师、学生的新政策，而不是外行指挥内行，一拍脑袋就出新政策。

我梦想，"教师享有公务员待遇"不要成为永无止境的承诺，而是变成马上执行的政策。我梦想，"让教师有位子、有票子、有面子"这样的话不是一句口号，而是很多人真正羡慕教师职业的理由。我梦想，教师队伍中涌现更多男教师的面孔，而不是男女比例失调越来越严重。我梦想，最优秀的大学毕业生能首选教师行业，而不是当上教师却羞于出口。

我梦想，所有的教师都能不忘初心，坚守信念。我梦想，每一个教师都能自觉履行教书育人的义务，做一天教师，尽一天职责。我梦想，每一个学生都能得到尊重，每一种天性都得到发展，每一间教室都有难忘的故事。我梦想，我们的身边能涌现更多的雷夫、克拉克，校园的每个角落触手可及都是各类名著而不是各种教辅，每一间教室都成为师生深深留恋的王国。

新的学期，让我们依然怀有新的梦想……

目　录

第一辑
不一样的教育思辨

第二辑
不一样的功底修炼

第三辑
不一样的进阶之路

第四辑
不一样的教育视野

第一辑

不一样的
教育思辨

学生天天在过节，
哪有时间去读书

一、过了一个节，又来一个节

一日，某个微信群里一位一线教师实在忍不住向大家吐槽：

我们刚刚结束"语文周"，马上要迎来"艺术节"，下一个月还有"科技节"。真不知道孩子们到学校里来是读书的还是过节的，一年至少要过六个节啊！

一时群里的老师们纷纷跟帖，报出了自己学校里的那些节名。据不完全统计，学校里林林总总的节真的有很多：

读书节、体育节、科技节、艺术节、创新节、足球节、戏剧节、风筝节、男孩节、秀秀节、动动节、语文节（周）、数学节（周）、英语节（周）、课程节（周）……

还有各种礼：开笔礼、十岁成长礼、毕业典礼……

实事求是地说，大部分节都是学校精心设计的，确实对学生的成长是有作用的。一学期过一个节，一线师生还是挺欢迎的，可怕的是一学期要过三四个节！在这些丰富多彩一个接一个的节日里，焦头烂额的常常是班主任和孩子们（当然还有孩子的爸爸妈妈）。

各种海报、各种道具、各种活动、各种展示、各种摆拍、各种报道……当然一定少不了隆重的开幕式和闭幕式。

热热闹闹的一个月。

琳琅满目的一个月。

轰轰烈烈的一个月。

一个月下来，班主任和孩子们基本上筋疲力尽。

至于收获，一定是"满满的"。美篇中、公众号里，孩子们笑得阳光灿烂，各类作品精彩纷呈，成果展示丰富多彩，各类奖状鲜艳夺目。

总之，我们又过了一个"收获满满"的节日。至于孩子们是否真的获得了成长，不得而知！我们只知道孩子们眼睛里写满了无奈，老师们暗地里无力地吐槽。

过犹不及，莫让一个一个节成为一个一个"劫"！

二、为什么学校总是热衷过节

我们不否认各种节日教育在办学中的作用，学校的各项工作的确需要富有仪式感的系列活动来推进。客观地说，学校一学年举办一两个有意思的节确实可以活跃校园文化，为师生搭建创造的舞台、成长的舞台。

少量有特色的节是儿童成长路上的必修课！

然而，物极必反。一旦各种各样的节成为学校教育生活的主旋律，就会严重影响和干扰正常的教学秩序。

因学校要评比要出成果，老师们只能投入大量精力去应对。查资料、做研究、排节目，常常要挤占课堂和业余的大量时间，家长也跟着孩子一头扎进各种节中，不得不替孩子完成大量繁杂的作业。如此一来，教师备课改作的时间没有了，学生安静读书的时间没有了——即使是"读书节"也常常跟读书无关。更为糟糕的是最应该读书的教师却根本没有办法静下心来阅读。整个校园长期处于浮躁和忙乱中。

"非喧嚣则难以出名，不折腾则无以获利。领导东张西望，老师左右为难，

学生疲于奔命，学校的喧闹不可能不影响学生的情感态度价值观。"（吴非）

吴非老师的分析可谓一针见血。学校热衷于组织各类活动的主要原因，是这个急功近利的时代让大家无法安静。不弄点动静出来，学校就会被人"遗忘"，就会"沦落"为二流、三流乃至末流。

这种"把影响力当实力，把宣传报道当办学业绩"的"共识"，直接导致了学校的不甘寂寞、拼命折腾。更有甚者，不少教育局以微信公众号阅读量和点赞量考核学校的美誉度和影响力，导致学校主动折腾出一些事情来。这年头，校长也无奈：不折腾，综合评价上不去，上头不信任；折腾吧，教师、家长怨声载道……难啊！难！

于是，我们的教育进入相互折腾、相互埋怨的怪圈。

"一切为了孩子，为了孩子一切"！

"教育目的一旦被庸俗化，简约的教育内容被繁复的形式所替代，师生疲于奔命，教育没有让人变聪明，而是把人逼向愚昧；更令人困惑的是人们无视愚蠢教育的危险性，而热衷不切实际的鼓噪。"（《学校、校长、教师都安静下来，才是教育最该有的样子！》）吴非老师这番话，可谓振聋发聩。

"教育是慢的艺术""教育是农业，不是工业"……这些耳熟能详的观点校长们不可能不知道，这些话也常常挂在他们的嘴边。然而一旦进入到真实的教育场景中，理念常常被无视和遗忘。

太多的学校恨不能早上播撒种子，晚上收获硕果；恨不能一年就把学校建成驰名中外的国际性影响力学校。

常常这边活动刚一结束，"大获成功""硕果累累""成绩优异"的报道就已铺天盖地；刚起步探索的实验常常被吹成"国内领先""国际前沿"，一拨又一拨络绎不绝的来访者趋之若鹜；今年秋天申报的课题，到明年春天就写出了几万字的结题报告，并且向全省、全国推广，获得全国一等奖、二等奖……

可是，我们走进校园的真实生活，又会发现一切不像微信公众号、美篇里描述的那样……（此处省略一万字）

学校的"美誉度"是上去了，可是教师没有时间读书了，学生无法安静读书了。学校名气是大了，校园文化是丰富了，然而真正的成长，却不见了。

华东师大李政涛教授曾经说过这样一段耐人寻味的话："教育的本质一定是静默的，而不是喧嚣的，因为人的成长，是内在的成长，其过程必定是安静而且朴素的，而不是招摇和华丽的。"是的，任何生命的成长都是在静默中发生的。细胞分裂、血液流淌、身体长高，抑或种子发芽、花朵绽放、果实生成，都是在静默中完成的。"万物静默如谜"，万物生长如谜。生长从来是静悄悄的，并不需要彩旗招展、锣鼓喧天，更不需要喧哗与躁动。

学校是师生生命栖居之所在。生命需要热闹，也需要安静。在安静中积蓄能量，生长智慧；在热闹中释放激情，分享智慧。倘若我们的校园自始至终都处于极度亢奋之中，师生就容易被这种亢奋所伤害。极度的亢奋破坏了动静之间的平衡。正如先知纪伯伦所说的那样：

"单纯的理性是一种禁锢的力量，而无限的激情是足以烧毁自身的火焰。

"因此，让心灵将你们的理性提升到与你们的激情同等的高度，它将高唱。

"也让你们的理性指引激情的方向，那样你们的激情才会经历每日的复活，宛如凤凰从它的灰烬中再生。"

我们真的要理性地重温"一切为了孩子，为了孩子一切"的箴言。虽然这句话早已听得耳朵起茧，但真正做到的学校又有多少？！

三、安安静静的学校，万物共生的农田

学校教育要回到常态，要回到安静，这似乎是很多人的共识。若要把这共识变为自觉坚守的常识，需要更多教育管理者（尤其是校长）有勇气和担当。

一所安安静静的学校一定会把学生是否真正有时间读书，教师是否有时间教书，当作头等重要的大事来对待。这样的学校不会排除适当的节——通过资源整合、优化组合，一学年带着学生过一两个有意思的节。

而且，学校要让学生自己参与对节的设计。好的节日文化应该让学生实现从"要我"到"我要"再到"我爱"的转变。学校的各种节应该由学生自己来做主，自己来设计。学校要千方百计让学生思考他们要什么样的节，参与什么样的活动，自己制定目标并完善计划、自主执行。学校和教师能做的就是提供支持与服务，搭建各种舞台，帮助儿童在实现梦想的过程中锻炼能力，发展个性。

苏霍姆林斯基在《帕夫雷什中学》一书中，诗意地描述了学校那些别开生面的节日：最初铃声节、最后铃声节、女孩节、歌节、花节、鸟节、新年松树

游艺会、堆砌雪城的冬节、果园周、首捆庄稼节、新粮面包节、夏季割草节。

听着名字就觉得这些节是那样地让人向往。

比如新粮面包节：孩子们把自己小块园地里的小麦收割完，用小型脱粒机脱了粒，交给磨坊，得到面粉后请母亲们帮助烧烤成面包，然后孩子们把妈妈们请到学校，用新粮面包款待她们。筹备这个节日的那些美妙日子体现了劳动和心灵美的统一。

再如夏季割草节：7月初，男女青年们在黎明时分乘车到浸水草地去干一周的活。可以想象，这是多么有意思的节日呀：集体友爱的生活，蓝天下的露营，河水中的捕鱼，篝火上的烹食，草原上的自由，仲夏的蓝天，闪烁的繁星……

帕夫雷什中学这些节日无不体现了苏霍姆林斯基作为教育大师的教育智慧。他与教师、学生一起设计的这些节日，一个个闪现着童真童趣。这些节日把愉快而崇高的思想与劳动体验紧密相融，如春风化雨，润物无声，引领孩子们茁壮成长。节日的背后是对人的充分尊重。

国情不同，时代不同，但"以人为本"的教育思想可以穿越国界和时代。让学生自己设计节日，充分激发他们的创造热情，他们也一定会在自己的节日里投入地享受，而不是成为节日的"道具"。

总之，节相对减少了，节的设计主体变化了，教师和学生才可能被解放出来，才可能拥有闲暇，"闲暇出智慧"。有了闲暇，师生才有读书的时间、锻炼的时间、思考与创造的时间。适度减少"过节"，让老师安安静静教书，学生安安静静读书。

这样安静的学校也许没有眼前一亮的标语牌，也许没有高大上的某某节，也许没有络绎不绝的来访者，也许没有光鲜亮丽的出镜率，也许没有妇孺皆知的美誉度。但这样的学校，校长像校长，老师像老师，学生像学生。这样的学校，优雅、宁静，到处是触手可及的书，到处是安静看书、投入玩耍的儿童。

这样的学校就是一块种着各色庄稼的农田，校长和老师都无限地相信种子，无限地相信岁月。他们精心照料，安静等待，不催生，不拔苗，不会隔三岔五把孩子放到磅秤上过磅。

安安静静的学校，万物共生的农田。但愿，这不是教育的乌托邦。

警惕新繁琐主义对教育的戕害

"大道至简，小道至繁、至晦、至玄。"这是上海师范大学吴忠豪教授在 2016 年小学语文名师工作室联盟福州会议上所作学术报告的结束语。

吴教授的发言，引起了参会者的强烈共鸣。

然而，看看发生在我们身边风起云涌的课程改革、教学改革，各种"至繁、至晦、至玄"的新名词或者新概念，纷至沓来，让人目不暇接。越来越多的老师不知道该怎么教书了。

翻转课堂、微课、慕课、云课堂、思维导图、导读单……像雨后春笋般进入我们的教学领域。不少老师在完全没有理解这些新事物的状况下，看别人做得挺有意思，也跟着依葫芦画瓢——

一、无"微"不至

课上着上着，忽然，老师不说话了，点击鼠标，接着屏幕上出现了一段 3~4 分钟的微课，动画 + 声音的形式让课堂看起来似乎很有趣，美其名曰——用微课突破教学难点。

诚然，适当的微课，用形象直观的图片或视频，的确能够把教师语言所不能精准讲述的概念、原理讲清楚。微课运用得当，确实可以起到化难为易的作用。但是，我所看到的大部分公开课上的微课，不是非用不可的。不少课，有"为了微课而微课"的嫌疑。教师活生生地站在学生面前，却要让微课中的教师代替示范朗读——也许是教师的普通话太普通，但那又有什么关系？普通话不标准，依然可以通过肢体语言和表情弥补不足。事实上，大部分教师的示范朗读，效果要比微课好。况且，对制作微课没有入门的教师来说，录制一节微课，确实不是一件轻松的事。

面对铺天盖地的微课，我们真要问一问，这节课，真的需要"微"一下吗？不"微"，能否达到教学目标？如果可以，那么，咱们能否不"微"？

不"微"，教师可以节省出一些时间，多看些书，多辅导几个后进生。总之，要依需而"微"，不要无"微"不至。

二、字理识字

一年级老师，正在进行生字教学。教着教着，老师不说话了，接着一段动画出现了。原来，呈现的是一个汉字的"前世今生"——从甲骨文、小篆、汉简、隶书、繁体字，直到今天的简化字。

老师的用心，不可谓不良苦：引入字理识字，让学生从汉字的源头入手，认识汉字的造字原理，让学生热爱祖国博大精深的文化；老师的动画制作，也不可谓不精致，图文唯美，音效绝佳。但是，面对一年级的学生，我们真有必要每一篇课文都这样进行字理识字吗？一年级小学生识字的负担本来就不轻，不少学生记住几个汉字已经很吃力，我们还要让他们在课堂上关注这么多汉字的祖先和亲戚，这是在帮助学生高效识字，还是在干扰他们的记忆？当然，有些简单的象形字，比如"日""水""山""火"等，非常直观形象，学生一看就懂，且这些字也是组字能力很强的偏旁，可以适当讲解，帮助学生理解造字原理，的确可以从源头上减少错别字，这是无可厚非的。大部分的字理识字，或许应该出现在专门研究古汉字的"拓展型课程"中，而不是大批量地出现在常态的语文课中。最应该学习古汉字知识的，其实是教师，而不是学生。教师多掌握一些文字学知识，是专业素养的需要，并不代表要在教学中把自己的知道灌输给学生。

字理识字，也要讲理。

三、思维导图

二年级老师，正在带着学生读一本图画书。读着读着，师生声音没有了。原来，孩子们拿出 A4 纸和水彩笔，开始画思维导图。大约十分钟过去了，多半孩子没有画好，少数孩子完成了，于是，老师说："嗯，好多同学已经完成了，我们来分享几张精彩的思维导图。"没有完成的同学，只能不情愿地停下来，听几个学霸分享他们的思维导图。啧！啧！啧！那思维导图，做得真是高大上，听课老师叹为观止。

可是，且慢喝彩。

这是什么课？语文课！

语文课的主要任务是什么？语言实践！

思维导图是什么？把思维的过程，用图像的方式呈现出来！

这算不算语言实践？算！而且是高级思维的语言实践！

那么，问题来了。这种高级思维，对优等生来说，的确是需要的。通过直观形象的导图，把图画书的结构梳理得清清楚楚，有助于孩子从整体上把握一本书的内容。

但是，借助思维导图去整理图画书，学生可能关注了文字的内在逻辑，却会忽略图画的形象性。很多书中图画的精彩细节，是无法用思维导图来呈现的。而且画思维导图，必定会耗费不少时间，尤其对动作慢、能力弱的孩子来说，可能会成为一种新的负担。

其实，图画书阅读，要简单一点，再简单一点。让学生捧着书摇头晃脑、津津有味地阅读；让学生在图中指指点点、兴奋不已地发现；让学生与伙伴三五成群、情不自禁地表演；让学生欲罢不能、兴致勃勃地绘写……图画书是极富形象的文学作品，而儿童的思维方式以形象思维为主，让低年级儿童去画高度抽象的思维导图，这符合图画书和儿童的思维特征吗？

值得深思！

当然，对于个别学霸级别的儿童，我们另当别论。

我的理解，思维导图其实更适合用在高年级。用得好，的确可以化繁为简，一目了然。高年级学生的思维特点是由具体向抽象过渡，提取信息和寻找关联的能力越来越强，适当使用思维导图，可以整体把握文本，有助于培养学生思维的条理性和缜密性。但对于低年级，大可不必，不然，导来导去，容易把儿童导入过度理性的死胡同。

四、导学单

三年级的孩子要完成一本书的阅读任务，老师下发了一张导学单，什么摘录好词好句，什么情节梯，什么范恩图，什么统整表格，什么提出不少于 5 个有价值的问题，还有什么写一篇微型读后感……

孩子难过地对妈妈说："妈，我能不能不要读这本书啊？烦死了！要做这么多的作业！"

这不是危言耸听，这样的事，正发生在学生身上。老师总是一厢情愿地以为，孩子读一本书，总要留下一些痕迹，总要做一些导学单，才能够检验孩子是否认真读过。于是，各种名目繁多的作业，一哄而上，大有泰山压顶之势。

如此一来，老师的良苦用心，很可能变成别有用心。儿童，也许正因为这些名目纷繁的导学单，对阅读产生了本能的抵触。阅读，本是一件多么美妙的事，却因繁琐的导学单，成了痛苦的折磨。

导学单，成了灾难！

我们的导学单，能否少一些，再少一些？能否精一些，再精一些？能否有趣一些，再有趣一些？

导学单是什么？是帮助、促进学生学习的辅助工具，是支架，是助手，而不是绑架学生的凶神恶煞。导学单一旦变成狰狞恐怖的魔鬼，阅读就成了噩梦！

别让导学单以阅读的名义，伤害阅读，伤害儿童！儿童的阅读，应是在一种无压力、无负担的情况下自然发生的。兴致勃勃地读，毫无负担地交流，本身就是一种最舒服的阅读姿势，何必非要做什么导学单？

当然，如果儿童的阅读兴趣已经养成，深度阅读一本书，做一两份富有思维含量，又有一定趣味性且不占用儿童太多时间的导学单，也不是不可以。适当地使用导学单，有助于把握学情，有助于培养儿童思维的条理性。

导学单，需要精心设计，更需要数量控制。而且，要让孩子有选择完成某一题的权利，允许部分孩子拥有不做的权利。教师，要引入激励机制，引导学生把完成导学单当作记录阅读发现的自然而然的行为，而不是完成老师布置的作业。

如此，导学单才真正起到导学的作用；否则，就成了"捣学单"！

五、读本灾难

跳出语文，我们再来看新繁琐主义对教育的戕害。

不难发现，这些年，随着课改如火如荼地开展，不少学生的书包里，有了越来越多的读本。

课程改革，已经走进了深水区。本是课改重头戏的"基础型课程"，因为做不出特色和名堂，难以轻易找到出路，很多学校便把课改的重心转移到"拓展型课程"，这可能是好事，也许是坏事。

说它是好事，的确是！学校为学生开设那么多个性化、可选择的课程，最大限度地开发儿童的潜能，满足他们的个性化发展需求。这些年，全国范围内确实涌现了不少非常精彩、创意十足的课程，但是我们不得不承认，不少学校的课程改革，是教师和学生灾难的开始。

教与学的时间，永远是常数。不少校长对"基础型课程"改革没有太多招数，只是弄一个新名词，开几次会议，整一堆材料，就算是改革成果，而实际上，老师们的常态课涛声依旧。为了凸显办学特色和改革成果，大家把注意力都集中在"拓展型课程"上，于是乎，整个中国大地，各种名目的"拓展型课程"如雨后春笋、铺天盖地、应运而出、一派繁荣。

深入学校走访，也许校长会非常自豪地向来宾介绍，我们学校有几百门课程，每个学生都有自己喜欢的课程！

走进一个班级，打开学生的书包，也许你会吃惊地发现，关于课程的读本，会有七八本——怕引起不必要的对号入座，恕我不一一列举。

不能武断地说，这些读本都是质量不高的。应当说，有不少学校很用心地编写了读本，不少读本也的确凝聚着教师的心血和智慧。但是，我们不敢保证，每一本读本都是用心编出来的，都是值得学生细读的。也许，更多的是这样一种状况：课题组列一个所谓的课程提纲，几个老师网上找一点，图书馆里抄一点，其他读本上凑一点，短则三五天，长则半个月，一本读本就编好了！

至于这些读本是否适合学生阅读，老师们是不是真的在用，没有多少人在真正关注。更多人关注的是我们学校有几门课程！

说得严重一点，这种随意编写读本，只做加法不做减法的课程开发思路，实在是有违课改的初衷，是一种极大的教育浪费和对人的摧残。

这种新技术环境下的新繁琐主义，实际上是新时代的形式主义，它比官僚主义更可怕，因为新繁琐主义直接面对的是成百上千的儿童。我们的课改，打着新媒体、新技术的旗号，做的可能是违反学科规律、教育规律的事，这是极为可怕的。我们不反对新技术，如果新技术运用得当，可以让教育事半功倍、如虎添翼。我们反对的是唯技术、伪技术的新繁琐主义，以及新繁琐主义对教育的戕害。

当前，新繁琐主义正在我们的教育领域盛行与蔓延。追求表面繁华，制造热闹宣传，已经成为了一些人的思维DNA。"板凳甘坐十年冷""酒香不怕巷子深"的年代，的确已成为了过去。但是，当我们走得太快时，不妨问一问：

引入新技术新方法的目的是什么？是为了让我们的课堂不落后于时代，对得起学校日新月异的教学设备，还是为了让听课的老师大呼过瘾？

做教育的初心是什么？是为了让上面的领导满意，让来访的嘉宾满意，还是在督导评估的时候让检查团满意？

我们，是否真正认真地问过老师是否满意，家长是否满意，儿童是否满意？

在开设一门又一门课程之前，我们是否可以问问，这些课程，真的有必要开吗？如果确实要开，必须编读本吗？即便真的要编读本，更要问一问，这些读本，有没有化繁为简、化零为整的可能？

……

新繁琐主义，请远离儿童！

房间里的大象，
为什么赶不走

近读美国加州圣玛丽学院英文系教授、复旦大学社会科学高等研究院兼职教授徐贲先生的《经典之外的阅读》，开篇《沉默中有明白的声音》让我想起了近几年发生的一些事情，感慨良多。

徐贲先生借伊维塔·泽鲁巴维尔《房间里的大象》这本书来讨论"公共沉默"这一话题。

"房间里的大象"是一句西方谚语，本义指显而易见但却被大家忽略或者否认的事实，就好比房间里装着一只超级大象，人人看得见，人人装作看不见。徐贲称这种"人人心知肚明，却没有人当面提起"的公开秘密，其实是一种"合谋性沉默"。

循着徐贲的文章按图索骥，找到了原著《房间里的大象》。从泽鲁巴维尔的分析中，了解到这种"合谋性沉默"的构成因素：秘密、恐惧、尴尬、禁忌、愚昧和否认——尤其是否认。徐贲入木三分地剖析：

泽鲁巴维尔在《房间里的大象》一书中提到了三种可以加以区分的沉默机制，分别是礼仪性沉默（世故）、社会习惯性沉默（禁忌）和政治性沉默（政治正确）。其实这三种沉默，经常会相互转换，有些甚至边界模糊。

不论是在家庭生活还是在公众领域，不少话题是被悄悄禁止的，且大家心照不宣，三缄其口。父亲残疾的双腿，溺水而亡的亲人，德高望重者曾经的不堪，重大事件的细节真相……沉默，在冰山下方。

很多时候，明明没有谁规定不许说什么，但人们却会不约而同地选择回避事实，回避"大象"。这当然不是我们故意忽视或者否定，更多的是遵循社会习俗和交往规范。这种忽视，更多是出于对约定俗成的尊重，选择"礼貌性的忽视"。面对一个曾经被性侵者，我们绝不会提及相关敏感话题；面对垂危的病人，当着他的面，我们都会故意聊一些轻松的话题。

而某些社会习惯性沉默，说白了就是讳疾忌医。不说别的，就拿高考、中考成绩来说，有热烈庆祝者，必然有黯然神伤者。但是我们往往看到，考出所谓辉煌成绩的——哪怕提升1~2个百分点，也会锣鼓喧天、标语赫然，唯恐民众不知。甚至有时候，各校、各区、各校，都会找一种更有利于自己的算法，以示今年"走向新的辉煌"。而极少数，无论从哪个角度算都找不出进步的，则会选择"集体性沉默"，做鸵鸟状，把头藏起来，以为别人看不见。自己呢？当然不会主动反思节节败退或者全军覆没的原因，即便是小范围的反思，而是把失败更多地归咎于客观，自己在这个过程中的不作为甚至重大失误，则绝口不提。

这就是泽鲁巴维尔所说的："视真如仇，守谎如城"！

更多时候，我们忽视一些东西，回避一些话题，不仅仅缘自社会规范与交往礼仪，也缘自权力的规约。什么场合说什么话，什么话不该说，或者不该传播，很多情况下不是取决于言说者，而是取决于上层建筑和意识形态。《古拉格群岛》和《耳语者：斯大林时代苏联的私人生活》《以希望对抗希望》中所披露的大量令人震惊的事实和细节，就是众所周知"合谋性沉默"的一部分——而当初，一直沉默在冰山底下。这种"合谋性沉默"，每个时代都有，只不过程度不同而已。

《房间里的大象》一书中，泽鲁巴维尔不仅追溯了"合谋性沉默"的根由，更进一步剖解了"合谋性沉默"的潜在危害，以及如何打破它。

沉默的本质是回避事实，否认事实，是对真相的忽视和"遮蔽"。"合谋性沉默"造就了对真相的集体性、长期性否认。这种长期的集体性否认，往往会让事件像空气一样消失。空气虽无色，但实实在在存在，有些消失却让问题和事实彻底被掩盖与抽离。问题被掩盖与抽离，于是解决问题的机遇便失去。

有些沉默，是因为沉默方或恐惧、或羞耻、或尴尬、或怯懦、或自卑……当沉默者成为"大多数"，"大象"也就越来越不被关注，沉默被打破就越来越难。沉默者的长期纵容或者被迫妥协，给真相制造了坚不可摧的金钟罩、铁布衫。打破沉默，不仅需要巨大的勇气，而且会有一种无从入手的无力感与虚无感，甚至需要为之付出巨大的代价。历史已经无数次地证明了这一点。

和我们公开说"此事免谈"不同，"合谋性沉默"对某些避而不谈的"大象"是谈虎色变的，是噤若寒蝉的。

避谈大象本身就是大象。

想起了马丁·路德·金曾说的一句话："我们看到真相却一言不发之时，便是我们走向死亡之日。"美国波士顿犹太人屠杀纪念碑上写着："当初他们追杀共产主义者，我没有说话，因为我不是共产主义者；接着他们追杀犹太人，我没有说话，因为我不是犹太人；后来他们追杀工会成员，我没有说话，因为我不是工会成员；此后他们追杀天主教徒，我没有说话，因为我是新教教徒；最后他们奔我而来，却再也没有人站出来为我说话了。"

有些沉默，是不需要被打破的，例如"礼节性沉默"。面对残疾者故意不谈残疾，面对被性侵者讳提性侵，面对重症患者慎聊坟墓……这些沉默，不需打破。

有些沉默，需要勇敢者勇敢地站起来打破它。疮疤，唯有面对阳光和空气，才能好得更快，否则它只能糜烂。肉烂了，便是骨，骨烂了呢？

……

教育质量也好，豆腐渣工程也好，不是死命捂着就能解决问题的。必须有人站出来对民众负责，用铁肩去担道义；必须有人站出来，对历史负责，用妙手去著文章。

《皇帝的新衣》的故事，发生在很多很多地方。人们往往都习惯于赞扬小男孩的勇敢和天真，鄙视皇帝和大臣的愚蠢，但似乎很少讨论为什么大家对明摆着的事实一言不发。而这些一言不发的人大多都是好人。

为什么好人越来越沉默？

这才是最值得每个人深长思之的。

马丁·路德·金《伯明翰狱中来信》中说的话振聋发聩："我们这代人终将感到悔恨，不仅仅因为坏人的可憎言行，更因为好人的可怕沉默。"

其实比好人可怕的沉默更可怕的是，明明知道不能沉默，但却不得不沉默。

当沉默的大多数好人选择继续沉默的时候，"小男孩"的出现就是暗夜里的一丝光亮。

小男孩把原本明显看得见的大象的存在说出来，让原本讳莫如深的话题之盖被揭开，让人们看清那些被遮蔽、被淡化、被故意遗忘的社会问题，原来如此满目疮痍。

小男孩是希望。有些问题只有被揭开，才能得到更快的解决。否则，永远是"将来进行时"。

打破沉默是一件极其艰难的事。"不懂事"的"小男孩"总会时不时冒出来几个，但往往来不及被呼应就没有了声音。或者就像一滴水化进干涸已久的土里，对"合谋性沉默"毫无影响。

打破"合谋性沉默"，不只需要一个"小男孩"，也不只需要一百个"小男孩"，而是需要每个人的通力合作。否则打破沉默的第一个人，就可能会遭到敌意与孤立。

大隐隐于群，喊出真相，便会暴露自己。在这样的思维模式下，大多数好人就成了沉默者。

其实群体的每个人都在同一艘船上。如果没有人敢于喊出"船漏了"，最终群体也会消失于虚无。

因此，要打破"合谋性沉默"，我们要从身边的一点一滴做起，承认并正视大象存在，不再把它当作空气。大象是会变化的，一旦你承认它的存在，它便神奇般地缩小。

"只有当我们不再商量好了去忽略这头所谓的大象，才能最终把它赶出房间。"泽鲁巴维尔的话，值得每个人深思。

教育拒绝急转弯和"大跃进"

（一）

关于教育，北京大学陈平原教授曾说过一句振聋发聩的话："在我看来，办教育当拒绝急转弯，拒绝'大跃进'，不急不慢，不卑不亢，走自己认准的路。这样坚持五年、十年、二十年，中国大学才有可能走出适合自己的'康庄大道'。"

"大跃进"是一场浩劫，其损失难以估量。更为严重的是"浮夸风"的影响，"大跃进"之后的几十年直至现在，各个领域都可见其影子。

教育领域，亦不例外。"大跃进"的苗头，若隐若现。

有朋友在微信里发给我一个课程开发的案例，问我："怎么最近大家都在热衷研究拓展型课程？不管有条件的无条件的都在研究，好像进入了'拓展型课程时代'。国家课程不重要了？都在搞这个玩意儿？"

我呵呵一笑，心里却不是滋味。

朋友所说不假。当下的课程改革，貌似走进了"避重就轻"的误区。真正应该花大力气改的国家课程进入了深水区，改革遭遇瓶颈。于是，上上下下转移目标，热衷研究拓展型课程。

拓展型课程，作为基础课程的补充与延伸，着眼于培养、激发和发展学生的兴趣爱好，开发学生的潜能，促进学生个性的发展和学校办学特色的形成。花大力气研究拓展型课程，确实是学校课程改革的必由之路和应有之义。

然而，我们看到，在上级教育行政部门的统一要求与强推之下，拓展型课程研究被提到过于重要的位置，以至于当下很多学校言改革必言拓展型课程。轰轰烈烈顶层设计，大张旗鼓反复论证，全校上下齐抓共管，各类课程五花八门。热闹是热闹了，但效果如何，不得而知。

当然，在这一过程中，肯定也有一些研究能力强的学校和教师在真正地研究，也确实出了一些高质量的成果，推动着课程改革的发展。然而，平心而论，相当一部分学校及教师是在轰轰烈烈地搞形式主义。课程遍地开花，教师焦头烂额，活动五彩缤纷，其目的是在结束的时候，写一篇好看的总结，做个漂亮的 PPT 或者图文并茂的美篇，给检查的领导以良好的印象。

呵呵，美篇，有时候也可能是美骗。

接触过一些基层教师，他们告诉我，他们学校的拓展型课程开有长短课，多达 70 多门，每门短课 20 分钟，一般 10 分钟认真上课，还有 10 分钟稀里糊涂，有时候让学生做做作业，有时候让学生看看电视。常规的课都来不及上啊，哪有精力搞这些玩意儿？这里需要特别指出的是并非长短课不好，做得好的很有特色，但很多学校在操作的时候，完全变了味，成为实实在在的形式。

也有老师吐槽，他们学校的拓展型课程是认认真真走过场，扎扎实实搞汇报，只要领导满意就好。

这样的声音，不是个别的。

这就值得深思并警惕了。

拓展型课程，确实值得我们好好研究。但是物极必反，过于强调，过分聚焦，导致基层教师把太多的精力集中在拓展型课程上。其结果，就很可能是把本该花大力气做好的基础性课程给忽略掉——时间是常数，领导过分重视拓展型课程，教师就会把大量时间花在这上面，于是该抓紧的教学不认真，很可能会趋于瘫痪。基础性课程，是基础教育的基石。一旦基石不牢固，对整个基础教育大厦来说，将是致命的。是谓"基础不牢，地动山摇"。

我不知道，动摇了基础教育大厦的拓展型课程，是否真的能起到"拓展"的作用？

答案在风中飘。

吊诡的是，所有的学校在汇报与反思的时候，都说自己的拓展型课程开设是精彩的、鲜活的、成功的。至今，我没有看到过任何一篇文章在深度反思自己学校的拓展型课程研究是存在问题的。

说得难听一点，这样过分重视拓展型课程研究很容易导致"课改运动"。课改，一旦成为了"运动"，离"大跃进"就不远了。

如果我们避重就轻、本末倒置，整个课程改革，将会剑走偏锋、舍本逐末，最终走入死胡同。

我想，课程研究的正确打开方式，应该是在做好基础性课程研究的前提下，根据学校实际情况，稳妥地推进拓展型课程研究。至于步伐大小，则可以根据县情、区情、校情，稳扎稳打，小步推进。

否则，就有可能成为另一种形式的"大跃进"。这样的"大跃进"，最终的埋单者，不是局长，不是校长，不是老师，而是一代学生。

（二）

其实，教育领域的"大跃进"苗头，不是当下才有的。早在 20 多年前，这种"大跃进"就已经初见端倪，只不过当下愈演愈烈。

1998 年前后，由于国企改制和经济转型，我国下岗人员大幅度增加，加上猝不及防的亚洲金融危机，国家处于特殊时期。为了走出困境，国家领导层制定了"拉动内需，刺激消费，促进经济增长，缓解就业压力"的方针。落实这条方针的重要举措，就是高校的扩招。1998 年录取高校本专科生 108 万人，而第二年扩招 52 万人，变成了 160 万，增幅达 48%。此后连年扩招，到2012 年录取 685 万，才基本保持稳定。从全局考量，这样的政策，是特殊时期的变通行为。

在此政策的推动下，各地高校进行大规模的合并，以求得我国大学向着"一流"乃至"超一流"迈进。

值得我们关注的是，受高校扩招和合并的影响，不少县市级的龙头高中的规模，也跟着迅速扩展。有些知名中学，一下子扩展了近一倍乃至更大的规模。这对学校管理、师资培养、办学质量，都是严峻的挑战与考验。

有些地方政府应对得当，学校扩张的同时，调入大批优秀教师，加上管理跟得上，办学质量稳中有升；有些县市龙头高中，优秀师资不足，且大量新教师进入，加上规模太大，管理跟不上，教学质量江河日下，逐渐从区域名校，沦落为二流乃至三流学校，被其他区域所赶超。当然，也有些地方，并没有简单地扩展规模，而是通过资源重组、创办新校、引入良性竞争机制，充分激发同类学校潜能，促进了区域教育质量稳步上升。

我们要深入思考与研究的是办学规模的扩张与办学质量提升的对应关系。

办学质量的提升，肯定有其多方面的原因，师资、课程、管理都是极为重要的原因。很多时候我们往往习惯于从内部寻找原因，而恰恰忽略了事物的外部。

有时候，外部因素决定内部因素。

（三）

因此，我们不妨追问一个问题：学校规模大小真的至关重要吗？

根据世界范围内那些"小而精"的高等学府的学生和教师的说法，办学规模显然并不是最重要的。在世界范围内，还是有许多学生被"小而精"的大学所吸引。

《泰晤士高等教育》（THE）2018 年再次发布了"世界最好的小规模大学排名"，排名所参考的数据直接源自这些学校的学生的信息和意见。据这些学生反映，"小而精"的大学能与教师建立更紧密的关系。

在 2018 年世界最好的小规模大学排名中，学校平均学生人数约为3258 人。

排名第一的是加州理工学院。它不仅是世界上最好的小型大学，同时也是THE 世界大学总排名第三的院校。对于一个只有 2000 多名学生的学校来说，这是非常值得骄傲的成绩。

加州理工学院有一系列由世界著名教授和学者主导的科学和技术项目，还协助美国航空航天局（NASA）负责管理著名的喷气推进实验室。截至 2017年，加州理工共有 37 位教授或校友获得诺贝尔奖、包括研究人员等总共有 72位相关人士获得诺贝尔奖（位列世界第八），每千人毕业生就有一人获奖，为世界上诺贝尔奖密度之冠。

排名第二的是法国巴黎综合理工大学，别称"X"，隶属于法国国防部，是法国最顶尖且最负盛名的工程师大学，在法国各类院校中常年排名第一，是法国精英教育模式的巅峰。

排名第三的是意大利比萨圣安娜大学。比萨圣安娜大学是意大利排名第一的大学，也是唯一一所只有不到1000名学生的大学。这所大学培养出了意大利最优秀的科学家和政治家，包括前意大利总理朱利亚诺·阿马托和神经科学家朱利亚诺·托诺尼。为了进入大学，学生必须在高考中取得高分，同时也要表现出精通两种语言的能力。

无独有偶，我国特殊时期的"西南联大"，也是一所小规模的学校。有关数据表明，创办于1937年11月1日的西南联大，共有17个学系，在校学生共有1452人，其中清华学生631人、北大学生342人、南开学生147人，新招学生114人、借读生218人。规模虽小，但因有一批拥有"独立之精神，自由之思想"、风采卓然的教授，西南联大成为我国大学办学史上一座永恒的丰碑。

可见，规模并不是决定学校办学综合实力的唯一因素。小规模，也可以办出高质量！

从这个意义上说，一所超大规模学校的办学质量，长时间徘徊不前或持续下降，且师资、课程、管理改革均无效或作用不大的时候，我们不妨跳出学校本身，从外部（主要是区域办学机制或办学规模）寻找原因。

也许，我们可以从适度缩小办学规模入手，对超大型的学校进行一分为二或者一分为三的切割。小学校更有利于优化组织架构和管理系统。这样的切割，表面上看是从大变小，但也许变小，恰恰是逐渐走向"大"的契机。

也许我们可以从"一校独大"，走向"多校鼎立"，即在师资分配、招生优先等方面，取消某些学校的独霸地位，资源均衡，机会均等，进而促进良性竞争。

很多事物，一味求大，会出问题。不是所有的学校，规模越大，就一定会越好的！

很多事情，一味求快，也会出事。不是所有的事情，大干快上，就一定会结出硕果！

教育，拒绝急转弯，更拒绝"大跃进"。

教师节：灯亮一小时，职业亮多久

教师节这一天，从 20:00 至 21:00，全国各地城市标志性建筑，同步闪亮着"老师，您好！"

全国上下，一片辉煌。

这是一道独特的景观。我相信，不少教师的微信朋友圈，也被这灯光刷得通亮。

节日的氛围，确实被充分地营造起来了，但"尊师文化"和社会各界对教师的"感念""礼敬"，是否也被这一片灯海所弘扬，这需要时间来回答。

事实上，作为被"亮灯"的主人公——教师，似乎对这一特殊"礼遇"并不感冒。

关于"亮灯工程"，在不少微信公众号中，我们读到很多大同小异的留言：

教师节，社会宣传要做，要做好做到位，但真正彰显职业的硬实力——待遇问题，更应立个"牌坊"，拒绝立无实无用的"牌坊"……（邵某某）

亮灯？这创意真有点搞笑！别搞这形式主义了，浪费电！（闲敲棋子）

……

从不少帖子的留言来看，不少教师对"亮灯"这一"创举"基本无感。有少数教师，甚至有些……

其实，对"教师节亮灯"，没有必要抵触和悲观，而要一分为二地看待。

首先，政府已经意识到教育到了岌岌可危的境地。

近年来，各种层出不穷的教育怪象以及一些地方教师的招考门槛无底线地一降再降，残酷地告诉全社会，教师地位正在日益下降。教育部以及各级政府显然已经意识到这一问题的严重性，希望借教师节这一时机，呼吁尊师重教，弘扬尊师风尚。从这一层面看，"亮灯"是件好事。至少，9 月 10 日这一天，这一盏盏灯，一定亮在相关部门领导的眼前和心里。至于是不是长久地亮在他们心里，不得而知——我们当然希望，一直亮着。至少可以这么说，教师社会地位问题，已经引起了有关部门的重视，虽然这重视能有多少转化为执行力，还得拭目以待。

其次，政府的好心好意得不到广大教师的高度认同，说明"教师平均工资收入水平不低于当地公务员平均工资收入水平"这一政策的执行力度有待加大。

这一政策，一遍又一遍地在政府工作报告和教育部门的发展纲要中被强调，然而，各地执行力度却截然不同。平心而论，有些经济基础好且认识到位的区域，确已初步实现，但大多数地方仍老生常谈，不见改变。事实上，不少城市中教师的工资涨幅，根本追不上房价的飙升。广大一线教师，对"教师平均工资收入水平不低于当地公务员平均工资收入水平"这一政策的落地，仍望眼欲穿。

第三，政府欠缺的不是"善待教师""尊师重教"的认识，而是落在实处的行动。

《深圳市教育局局长在 40 分钟的讲话中，20 次提到"善待教师"》《江西省教育厅厅长给江西教师带来喜讯！》等帖子被广泛刷屏，折射了当下教师应有待遇并未真正得到落实的事实。广大一线教师，是最容易被感动的一群人，只是听到这样激动人心的讲话，就被感动得热泪盈眶、纷纷点赞。感动与点赞的背后，是殷殷期盼，期盼更多地方建立"善待教师"的长效机制，落实"尊师重教"的相关政策，并将机制与政策化为看得见的行动。

全国各地的老师们，在自己的节日里，抬头看着到处亮闪闪的"老师，您好！"，也许心中涌起的不全是自豪感，有的甚至不敢正视这明亮的灯盏。这一个小时，拥有"太阳底下最光辉的职业"称号的教师，内心必定是五味杂陈的！

一小时的亮灯，也许是一种仪式，也许是一个姿态，也许是一声号角。

当然，谁都不希望仅仅只是一种仪式。

一小时的光，很亮，很美。更多的教师，也许会在心里追问：教师节的灯亮一小时，教师职业可以亮多久？

所有教师，当然希望心里的明灯被点亮，自己的职业被点亮，不止一小时，而是一辈子。

那么，教师心灯，谁来点亮？

（1）政府各级部门共同点亮。

政府要切实把教育当作头号工程来抓。国家与国家的竞争，表面上看，是科技、经济、军事的竞争，归根结底，教育才是核心竞争力。不重视教育的国家，最终会在综合实力竞争中趋于劣势，任何国家概莫能外。冷了广大教师的心，就是断送民族的前途。

落实到行动上，要把"教师平均工资收入水平不低于当地公务员平均工资收入水平"的政策，当作当地政府政绩的首要考核目标。对官员的考核，不要光看为官一任的 GDP 增长指数，而要先看为当地经济发展积蓄了多少力量，教育是为未来发展蓄力的头号工程。教育抓不好，为官不合格。

其次，对于"教师平均工资收入水平不低于当地公务员平均工资收入水平"政策执行的力度，不看别的，就看两个指标：一是高考填报志愿报考师范类学校的，是不是当地相对比较优秀的学子；二是大学毕业后，考教师资格证的人数，是否高于考公务员的人数。如果这两个指标都达到了，我们才能说："教师职业是太阳底下最光辉的职业"，否则都是扯淡。再说得直白点，如果政府官员的子女，大部分都争着当教师，教师节就不需要亮灯了。

教师职业若闪光，何须亮灯来荣耀？

各级政府部门，不要把大量非教育的杂事落实给教师，要让教师"专心教书""潜心育人"，而不是专心应付杂事。"两创两建""精准扶贫""巡视鱼塘""消防行动""禁毒行动"……各种层出不穷、大大小小的检查，五花八门的表格、征文，让教师没有心思也没有时间好好教书。好多教师成了保安、消防队员、

　　　　　　　　第一辑　不一样的教育思辨

禁毒宣传员、"表哥（姐）"，整天把精力花在应付这些事情上，哪来时间好好教书？点亮教师心灯，就要从减少杂务、减少干扰开始，让"教书先生"真正成为有时间"教书"的先生。否则，教师内心那盏灯，怎么亮得起来？

（2）社会各界来点亮。

家长是点亮教师心灯的重要一员。家长和教师，应该是教育共同体，而不是天敌。家长要全力支持教师的工作，而不是对教师的工作颐指气使。家长要对教师心存敬畏，"一言不合就举报""一言不合就动手"，最终伤害的是家校关系，最终遭殃的是自己的孩子、民族的下一代。

倾巢之下，焉有完卵？冰山崩塌，没有一片雪花是无辜的。

社会各界要对教师的工作真正予以尊重，而不是动不动以"为人师表""无私奉献"来道德绑架教师。我们的媒体，更不必放大极个别师德不正的事例抹黑教师集体。事实上，哪个行业没有败类？

其实，教师和千万人一样，都是社会主义大家庭中的普通劳动者。教师也需衣食住行，教师也要柴米油盐。如果教师的收入无法撑起一个普普通通的家，凭什么要求他"捧着一颗心来，不带半根草去"？凭什么要求他"春蚕到死丝方尽，蜡炬成灰泪始干"？凭什么要求他"吃的是草，挤出来的是奶"？

教师，首先是需要正常活着的人！

学校要做教师的坚强后盾。实施多元评价体系，创设宽松学术氛围，给教师提供多样化的选择机会，为教师提供多种展示平台、发展机遇与路径，让教师充分享受职业幸福感，进而点亮他们内心那盏灯。

县管校聘政策，不应当用末位淘汰制来制造恐慌借以惩罚教师，而要充分激活每个教师的职业内驱力，促进校际师资的合理流动，从而推动教师主动发展、充分发展、多元发展。

（3）最关键的是靠教师自己点亮。

教师的地位，要靠整个社会来提升，更要靠教师自己去赢得。虽然教师目前社会地位还不高，大部分教师还得为柴米油盐操心，还挣扎在温饱线上，但清贫不可失志，教书育人始终是我们的天职。别人不尊重我们，自己要学会自重自爱，做一天教师，就尽一天责任，时时处处事事以"学高为师，身正为范"要求自己，把该做的事做好，把该上的课上好，把该教的学生教好。

尊严，要用尊严的方式去获得。

虽然，我们囊中羞涩，但我们依然要用书籍武装大脑，用巍峨的人类文明点亮自己的心灯，做一个精神明亮的人；

虽然，我们还得为生计发愁，但我们还是要脚踏实地、仰望星空，做一个志存高远的人。

"生计，像一场紧盯着地面的觅食，盯久了，人的目光会变得像鸡一样短浅、黏稠，体态也因贪婪而臃肿起来……是的，我们必须仰望点什么。必须时常提醒自己，让疲倦的视线从物面上移开，从狭窄而琐碎的槽沟里昂起，向上，向着高远，看一看那巍峨与矗立，看一看那自由与辽阔、澄明与纯净……"（王开岭语）

是的，我们必须得仰望点什么。

教师节这一天，我们似乎被很多人仰望。太多的人，为我们亮灯，天空一片璀璨。但是，我清楚地知道，教师的职业，不会因这灯光忽然亮灿。

我也坚信，这灯，肯定会亮在一些人的心头，不止一个小时，也许更久。当然，也许亮一阵，灭了。

是的，一小时后，灯灭了，但我们依然要把这光亮在自己心里，很久，很久。我们更希望教师的职业被点亮，很久，很久。

做一个燃灯者，照亮自己，照亮前方。这，是我们唯一的行走姿势。

　　　　　　　　第一辑　不一样的教育思辨

别让儿童大脑成为
成人精神的跑马场

我的童年很贫瘠。

家里唯一的电器是手电筒。和电相关的一切电子产品，闻所未闻。没有动画片，没有游戏机，没有MP3，没有MP4，没有平板电脑，当然，也没有智能手机，没有QQ，没有微信，没有Facebook，没有微博，没有博客……这样单调得可怕的日子，现在的儿童恐怕半天都忍受不了。

然而，因为单调，人才会从中寻找乐趣。

小时候，我仿佛天生就是个自制玩具的高手，铁环、陀螺、水枪、泥巴车……一件件原生态简陋玩具，仿佛变戏法似的出现在手中。动动手指，短则几分钟，长则半小时，五花八门的玩具就大功告成。不费分文，经久耐用，坏了再做，无需修理。

这些都是男孩的游戏道具。女孩子仿佛也是天生的游戏发明家，各种游戏丰富多彩：跳皮筋、丢手绢、捆柿核、集火花、集邮票……同样玩得不亦乐乎。

那一代的童年，因着这些玩具和游戏，贫瘠却丰饶。

我们可以滚着铁环从本村跑到邻村，跑出老远老远；我们可以端着水枪见人就射（当然是大热天啦），玩得很久很久；我们可以同时做三四个不同大小的瓦片陀螺，为它们举行大赛；我们可以用泥巴制造几辆轿车，让它们在晒谷坪自由"奔驰"；我们可以用母亲的米缸盖当乒乓球拍，在书桌上与同学大战三百回合，大汗淋漓……

每每和儿子说起我小时候玩过的玩具和游戏，他常常一脸羡慕。回到老家，儿子常常央我做几个玩具给他玩。刚起头儿，他总是很有兴致，不一会儿，嘟囔一句"没劲"，便丢在一边。

为什么这些简陋的自制童玩，让我至今念念不忘？我想，关键是满足了童年生命的游戏本能。

游戏，是儿童生命的天性；游戏，是童年生命的表达。

儿童大部分活动的参与，是以游戏的形式进行的。无论身处何时何地，游戏总是和儿童在一起，对着仓鼠自说自话、给布娃娃打针、捉迷藏、猜谜语、搭积木、唱童谣、讲故事，形式各异、不一而足。

正如皮亚杰说的："任何形式的心理活动最初总是在游戏中进行"。儿童自我中心化的本能、冲动、需要、欲望、意识、灵感以及好奇、好动、好幻想、情绪多变的精神因素及特点，也无不在直观可见的游戏活动中显现。游戏，成为映照儿童精神的一面"镜子"，成为儿童标识自我的一种"语言"，成为人们理解儿童心灵世界的一洞"门窗"。

简而言之，儿童精神就是游戏精神，游戏精神即是儿童精神。

蒙台梭利在《童年的秘密》中强调："新教育的基本目的就是发现和解放儿童。与之有关的首要问题就是儿童的存在；其次是，当他日趋成熟时，给他提供必不可少的帮助。这意味着必须有适合于儿童成长的环境……由于成人也是儿童环境的一部分，他们也应该使自己适应于儿童的需要。"然而，随着时代的发展，越来越多的成人对儿童过度保护、娱乐和网络游戏产业泛滥发展、学业升学压力大大提前，这些新时代的改变不但没有"适应儿童的需要"，反而成了儿童成长的"障碍环境"。这样的环境，让当下的儿童离游戏越来越远。

毫不夸张地说，这些年，儿童的生存环境越来越恶化。儿童的大脑，正逐渐成为成人精神的跑马场！

美国文化批评家尼尔·波兹曼在《童年的消逝》《娱乐至死》中反复地表达着一个观点：成人文化的侵蚀和过度娱乐的影响，让当代儿童过早地失去了童年。

260年前，哲学家卢梭在《爱弥儿》一书中，曾经发出这样的呐喊："我们看到野蛮的教育为了不可靠的将来而牺牲现在，使孩子受各种各样的束缚，为了替他在遥远的地方准备我认为他永远也享受不到的所谓的幸福，就先把他弄得那么可怜……"

生活节奏的加快，就业岗位的紧缺，岗位与岗位之间收入差距的拉大，让成人对儿童的期望不断提高，导致大部分家长把儿童的游戏行为当作浪费时间甚至"玩物丧志"。许多孩子的游戏时间，被各种辅导班填满，闲暇时间被无情挤压。学习成绩差，要补课，不能读最差的学校；学习成绩好，更要补课，努力进入最好的名校！

毫不夸张地说，当下的大部分中国儿童，不是在上兴趣班，就是在去兴趣班的路上。

本该游戏的年龄，却在埋头苦读；本该埋头苦读的年龄，却在埋头游戏。

可怕的颠倒，颠倒得可怕！

更为严重的是，这个利益至上的年代，不少成人将眼睛瞄准了儿童。儿童游戏成为了他们的兜售品；儿童，成为他们的摇钱树。儿童的想象、情感被无良商家利用，他们以各种低劣、色情、暴力、庸俗甚至不安全的玩具或网络游戏，吸引着缺乏甄别力的儿童。游戏，本是儿童自发的本能活动，逐渐演化为由成人发起的虎视眈眈、无孔不入的消费侵略。

呜呼！本是精神放松的游戏，异化为物质的攀比。儿童，不再是游戏的创造者、享受者，而是沦为利益追逐的"被游戏者"。

君不见，离开了电子产品和乐高等所谓"高级"玩具，当下的儿童仿佛连玩儿都不会了，他们集体患上了"电玩依赖症"。即便是玩"游戏"，也是个体对着电子玩具与虚拟的另一个（一些）伙伴在"游戏"。游戏精神，似乎在这一代儿童身上荡然无存。

我真不知道失去游戏精神的儿童，还能否称其为儿童。这是多么的可悲和可怕！

作为一名教师，我们无力也无能改变教育大环境。但是，这是否意味着教师就可以随波逐流地成为剥夺儿童游戏权利的帮凶？

我想，任何一个有良知的教师，都会理直气壮地说不！

其实，仅仅说不，是远远不够的！用行动对抗荒诞，这是我们的责任和担当。

我们不能逃避应试，但我们可以在较好地应付考试的前提下，让儿童的学习生活多一些游戏精神。

做中学、充分体验、专注，是那一代农村孩子沉浸自创童玩的关键所在。那么，在教育教学过程中，我们可否努力为儿童创设这样的教学环境？

作为教师，我们可否把更多探索的机会交给孩子们？可否允许他们出错，允许他们以自己的方式往前走，允许他们先行动，不懂了，再请教老师？教师是否能以助学伙伴的身份出现，而不是以讲师、裁判的姿态出现？学习，非要先"学"后"习"吗？可不可以先"习"后"学"、"习""学"并进？

作为教师，我们可否多布置一些具有游戏性、探究性的长线作业，让儿童在真实问题解决的任务驱动下，通过综合性、研究性的学习，在完成多个任务链的过程中，习得解决真问题的能力，提升综合素养？

作为教师，我们可否还给儿童更多专注阅读、专注研究的时空，让他们沉醉在自我的世界，充分享受阅读、享受研究，体验阅读和研究的快乐？

作为教师，我们可否提供更好玩、更富于童趣和游戏特质的童书（绘本、幻想小说、童话、富有趣味的各科拓展读物），让他们自己设计好玩的阅读活动（比如：允许穿越到书中与主角对话，写角色日志，表演书中的精彩片段……），让儿童把阅读当作游戏，并在阅读中享受游戏的快乐？

作为教师，我们可否和儿童一起讨论、一起设计他们喜欢的好玩的游戏项目？我们可否让他们自己做主安排自己的节日？我们可否允许以适度娱乐的方式面对严肃的学习，寓学于乐？

作为教师，可否设立创意游戏节，鼓励儿童传承、发展祖辈父辈小时候玩过的古老游戏，让这些老掉牙的游戏，重新焕发时代光彩，让儿童延续祖辈、父辈的游戏精神？

也许，你会说，理想很丰满，现实很骨感，逼仄的应试氛围、各种层出不穷的表格，压得我喘不过气来，我是心有余而力不足；

也许，你会说，这一切的前提是学校乃至教育行政部门出台真正以人为本而不是以分为本的评价机制，离开这个前提，一切是扯淡；

也许，你会说，这还得靠家长和全社会的齐心协力、齐抓共管……

这都对！

但美好教育的大环境，不是期待出来的，不是梦想出来的，而是所有人奋斗出来的。现实残酷，我们更不可苟且。我想，只要用心经营，我们总可以在现实与理想的夹缝中，在属于自己的小小教室里，一点点地努力，一点点地改变。

心中有儿童，哪怕戴着镣铐跳舞，也会拥有诗与远方！

"在万物秩序中，人类有它的地位；在人生的秩序中，童年有它的地位；应当把成人看作成人，把孩子看作孩子。""要爱护儿童，帮助他们做游戏，使他们快乐，培养他们可爱的本能。"教育家卢梭260年前说的话，至今仍振聋发聩。这些其实都是常识，但已被我们遗忘。教育，其实很多时候不需要太多创新，而是要回到常识、捍卫常识。

让游戏回归童年，让儿童成为儿童，让儿童大脑不再成为成人精神的跑马场。这是需要重温的常识，也是值得追寻的诗与远方。

咖啡馆·健身房·辅导机构

——中国式补习之忧思

一、法式咖啡馆

家住运河边。小区的西北侧，有一面积约一公顷的老厂房——丝联厂。2005 年前后，丝联厂逐渐关闭，各种文化创意产业雨后春笋般发展起来。

小区到运河，约 300 米路程，窄窄的锦鸿街贯穿两端。锦鸿街中段，有一家咖啡店。

因地段相对较偏，客流较少，咖啡店一直冷冷清清，常常是店员比顾客多，即便碰到世界杯足球赛，也不会爆满。

第一次走进这家店，是开张后的第三个年头。因这天有事提早回家，钥匙却落办公室了，进不了门。于是，进店坐坐。

入内，方觉此店不俗。大厅颇为宽敞，墙壁四周贴着享誉全球的影星照片或耳熟能详的电影海报。整体看，颇有法式咖啡馆范儿。

落座，点杯咖啡，随手翻书。里边的书，大部分是和电影有关的，喜欢。听着法国情调的音乐，置身具有浓郁法式风情的咖啡馆，恍若来到了香榭丽舍。

于是，成了常客。发呆、看书、写文章、会朋友，我都把这里当作落脚点。顾客，常常只我一人。

一日，忽然好奇心起，我问前台工作人员："这家咖啡馆，其实挺有品，不比蓝山、两岸差，为什么人这么少？经营得下去吗？"

工作人员毫不相瞒："我们老总自己有实业，这个咖啡馆，是他自己的私人会馆。他不在乎亏还是赚，目前来看，好像每年补贴十来万。"

店员还告诉我，楼上还有一个近20平方米的空间，一直空置着。

我随他上楼。果然，一个相当于两倍客厅大小的空间，闲置着。

我半开玩笑地说，要不，把这个空间租给我吧，我来经营一家周末自助影院。

"好啊！好啊！"店员知道我开玩笑，满口答应。

周末自助影院自然没有开起来。后来越来越忙，咖啡馆也逐渐去得少了。

二、健身房

一日晚上，写篇文章，思路全无，想去咖啡馆坐坐，找找灵感。

带了电脑，走向熟悉的锦鸿街。可是咖啡馆，怎么也找不到了。打电话问妻，妻告诉我，两个月前，咖啡馆被拆了，一直在装修，现在变成了健身房。

这么好的咖啡店，说没就没了，可惜啊！

此后，每次路过，总觉得怪怪的，原本安安静静的咖啡馆，变成了热闹非凡的健身房。

健身房靠路的墙面，全部改为落地玻璃，每次路过，人们健身的情形，看得清清楚楚。电影海报、法国小调、法式咖啡，只能成为永久的回忆了。

那年母亲节，忽然想起给妻买一张健身卡。学游泳一直是妻的心愿。而今，家门口就有健身房、游泳池，于是买了张打折卡。

没想到，孩子妈妈不领情，说这健身卡，自己用不着，做小学语文老师兼班主任，回家还得做饭洗衣服，哪里有时间健身！于是，将健身卡"过户"给了我。

于是，我又一次"故地重游"。只不过，悠哉悠哉喝咖啡，变成了大汗淋漓练身体。

也好，在健身房里出一身汗，挺爽。

起初，来锻炼的人，似乎也不少。一年后的暑假，健身卡到期尚有两年，健身房关闭了！

又一次怅然若失。

三、少儿培训中心

某晚，和儿子一起在外面吃饭。饭毕，儿子回去做作业了。我呢，绕小区走一圈，从大浒街，到丽水路，再到锦鸿街。来到被拆的健身房路段，一排醒目的灯箱广告吸引了我。

哈，健身房变成少儿培训中心了！而且，记忆中原来的咖啡馆、后来的健身房，店面没有那么宽。这次兼并周边的几家店面，成了现在的少儿培训中心。

哑然失笑。

同一条街，同一家店。富有品位的咖啡馆关闭了，生意不错的健身房消失了，取而代之的是一家中小学生培训机构！

滑稽！

一家小店的变迁与流转，也许有它的偶然性。但是，变得这么耐人寻味，不得不令人深思。

咖啡馆——悠闲生活的象征；

健身房——健康生活的象征；

培训机构——焦虑生活的象征！

追求悠闲、健康的生活，理应是民众幸福、有尊严生活的目标。按理说，随着人均收入的提高，应该有越来越多的人走进咖啡馆、健身中心才对。然而，遗憾的是，家门口的咖啡馆和健身中心却相继倒闭。一方面，可能跟人流量有关；另一方面，可能跟周边建起了多家综合体有关，居民们更爱去人多、热闹的地方消费。于是，咖啡店、健身中心，难以为继，关门了之。

吊诡的是，同样的地段，各类培训中心、辅导机构，却越来越多，大有雨后春笋之势。君不见，中国大地上冷不丁地就冒出一家新的培训机构，且动不动就上市了！

四、中国式补习，为何愈演愈烈

哪里有需求，哪里就有市场。培训机构的迅猛发展，绝不是几个人能折腾出来的，而是整个教育大环境使然。我们不能责怪家长急功近利，不能责备培训机构唯利是图，更不能怪罪学校教育不作为。

事实上，培训机构并不是中国内地（大陆）独有的。日本、韩国，以及中国台湾、香港等地区，都有比较多的补习班。韩国电影《奴隶情人》，日本电影《垫底辣妹》，讲的就是补习班里发生的故事。

当然，这些国家与地区的补习都抵不过中国内地（大陆）的。我们的补习，规模越来越大，越来越低龄化。不少地方，幼儿就开始参加各类补习班。这就是中国式补习——规模化、低龄化。

其实，很多时候家长也是被逼的。总觉得别人的孩子补这补那的，自家孩子若不补，就会输在起跑线上。于是一咬牙，补！

中国式补习现象的背后，有着深刻的文化、社会、教育等多方面原因。

从文化原因来看，包括中国在内的东南亚国家都深受儒家文化的影响，儒家文化中"学而优则仕""光宗耀祖"等观念代代相传、深入人心。儒家重视子女教育的文化观念显然对这些国家家庭教育补习行为有重要影响。

从社会因素来看，这些国家因为人口多，就业岗位少，要想获得相对稳定的就业岗位，就要取得相对较高的学历。人多而岗位少，这是高考长期存在的重要原因。应试教育若要消亡，一定是因为金领、白领、蓝领的工资基本接近，就业选择多元化的时代到来了。从目前来看，这一天还遥遥无期。

从应试制度来看，教育补习可能更加普遍地存在于通过投资教育补习就能容易地取得考试成功的教育体系中，尤其是政府允许民办初中、高中向小学、初中跨区招生等教育措施的实施，进一步加剧了学生之间的竞争，直接导致并加剧了应试的低龄化。

最关键的是，高考制度在部分省份率先改革，首次推出选考、学考，于是针对选考、学考补习的机构，一夜之间蓬勃发展。

五、路在何方

现代社会经济飞速发展，就业人口与就业岗位之间的差额必定长期存在。随着人工智能时代的到来，有科学家预测未来世界头部移植、下载人类意识、DNA 修复等技术都将成为可能。这样的智能化时代，高学历人才将越来越吃香，低学历人才将面临下岗。而高学历人才，依然要通过考试来选拔。考试，也必将长期存在。

但是光靠考试胜出也不行，问题解决能力若低下，同样将被淘汰出局。未来社会，一定是能力比成绩更加重要的时代。因此，如果我们的学生在成长的黄金年华将所有的课余时间都耗在补习班里，他们的创造力和问题解决能力必将日趋衰竭。

作为一名教育工作者，一个男孩的父亲，我对当下中国式补习怪象忧心忡忡。

我无力也无能改变什么，唯有谈几点不成熟的想法：

第一，高层决策者，在出台高考政策变革之前，一定要慎之又慎。进行顶层设计时，要将可能出现的问题、弊端进行严密的推演，切不可未经深入论证或者未召开多轮次的听证会，就推出还不成熟的改革方案。否则，只能给大量培训机构提供机会。最为严重的是，可能贻害一代孩子。高考政策，牵一发而动全身！切莫视同儿戏！

第二，地方教育行政部门，在扶植民办学校的同时，要充分关注教育的均衡发展。对民办学校的扶持与发展，是国际之大势所趋。但是发展民办学校的同时，要充分关注到实施跨区招生所导致的恶果，那就是应试教育低龄化导致中小学生身心被严重摧残。中小学段，本是学生锻炼身体、发展能力的黄金年华，却因过于繁重的学业压力睡眠不足、体质下降。活生生的人，成为了刷题机器。

第三，对家长来说，要适当淡化"功名"观念，确立多元成才观。只要孩子身心健康，成绩的事，顺其自然，不要把进名校、牛校，当作孩子成功的唯一标准。进入名校，不等于教育的成功。最近网上有一个统计，据说没有参与过培训机构补习的孩子升入大学后，有更大的发展和上升空间。面对考试，家长自己首先要有好心态，这样孩子才不会跟着遭罪。

我们在乎的不是"鸿浩"，而是北大

（一）

网络是放大镜，也是哈哈镜。它会把一个人的小失误放大为"妇孺皆知"的大事件。于是，林建华校长在北大 120 周年校庆上的"鸿浩志"，成了绕不过去的梗。

说实在的，我挺同情林校长，林校长在网络上被"吐槽"，更甚于当年朱军、董卿在春晚上念错字。

林校长很快在北大内部网站 BBS 上发表了一篇"致歉信"（后来有媒体将它改为"致意信"——我相信这个词不是林校长造的，大概是媒体人的一种创造吧）。针对林校长的这封信，有人赞其真诚、及时、有姿态，有人说其虚伪、傲慢、假道歉。

（二）

这里不想讨论林校长的小失误值不值得被如此放大，也不去讨论这封"致意信"是真诚的还是傲慢的，只想就这个事件本身（其实真称不上"事件"，最多是一个语言的"梗"，姑且称"语梗"吧）

做一点探讨：为什么北大校长在校庆上读错个字会有那么多人在乎？

我想说，那么多人在乎这件事，真的不是在乎林建华先生，大家在乎的是北大！

在全国人民的心目中，北大清华两所学校一个代表人文，一个代表科学，几乎就是中国老百姓心目中最高学府的代名词。因此在大家的心里，这两所高等学府的校长自然应该学富五车、满腹经纶，尤其北大更是文科大师云集的地方，北大的校长怎么可以连"鸿鹄之志"都读不准？堂堂北大校长在这么重大场合下读错字，瞬间就把大家对北大校长和北大的美好想象击破了。于是大家的失望情绪就由这个错误的读音弥漫开来，与其说这是对林建华先生的失望，更不如说是对北大校长的失望，对北大的失望。

（三）

我们要进一步追问：为什么北大校长在校庆上的演讲会有如此高的关注度？

这里的所谓"关注度"是一种假象。如果没有林校长的"语梗"，可能不少人还真不知道北大 120 年校庆这件事，这个五四青年节，相当一部分人的关注点可能都在"我的前世青年照"上。

林校长这一番发言——不，应当是石破天惊的"鸿浩志"瞬间霸了屏。说白了，所谓的"关注度"只是少数人在真关注，大多数是真"吃瓜"。林校长的"语梗"刚好满足了吃瓜群众看热闹不嫌事儿大的心理。于是，大家在朋友圈奔走相告；于是，变成了大规模网络围观与吐槽。

其实林校长大可不必在意大多数"网络围观"尤其是"键盘侠"们的意见，真正需要在乎的是：为什么大家那么在意北大校长的演讲？

这才是真正值得追问和深度思考的。

民众对北大校长演讲的在意是对北大历史的敬重，也是对北大未来的期许。

民众之所以关注北大演讲，是因为历来北大的演讲都寄寓着校长的办学理想、办学信念、学校价值观和责任担当。我们在乎一个校长的演讲，是因为一个校长的精神气质和胸怀就是这所学校的精神气质和胸怀。

细细梳理历任北大校长的演讲或公开发表的重要文章，可以看出北大精神

　　　　　　　　　　第一辑　不一样的教育思辨

的延续和变迁——

蔡元培希望北大学生"不要与时代同流合污"（1917）；

蒋梦麟希望学生抱持个人主义，"以个人为中心，以谋社会的发达"（1920）；

胡适希望学生们有独立精神，"不以别人的脑子为脑子"（1946）；

马寅初强调"以前我们为资产阶级服务，以后要为人民服务"（1951）；

丁石孙强调学生"要具有同新时代新任务相适应的思想政治素质和业务素质"（1985）；

许智宏强调北大"引领了近现代中国的思想解放运动"（1998）；

周其凤"希望同学们始终抱有强烈的社会责任感和历史使命感"（2011）；

王恩哥鞭策北大学子须"将个人选择同国家需要、人民利益和人类文明进步结合在一起"（2014）；

2015 年，化学家林建华在接任北大校长时，在就职演说中表示："我们不能为世俗而抛弃学术的独立与尊严，也不能为名利而哗众取宠、放任自流。大学的精神和文化应当是简单的、纯洁的，不允许有尔虞我诈、奉承迎合，也不应有急功近利、好大喜功，真理才是我们永远的追求！大学必须守护真理的纯洁，不允许任何不良风气玷污青年人的灵魂；大学有责任代表社会良知，维护核心价值，只有把师生的个人理想与社会主义核心价值完美结合，才能真正实现中国大学的使命。"

应当说，林建华校长的这番发言是掷地有声的！

也因此，北大 120 年校庆上校长演讲被民众所关注，这既是历史的回响，也体现了民众的期待。

从这个意义上看林建华校长"鸿浩志"的"语梗"被过度关注，不是坏事，而是好事。这说明还有那么多人关注北大，关注北大校长的演讲。什么时候北大校长的演讲国人们再不关注，那才是最大的悲哀。

（四）

既然有那么多人关注就该更加谨慎，这大概是林建华先生最值得反思的地方。

林建华先生在学校内部网站 BBS 上的致歉信中说"重要的讲话都是我自

己写的"，我也相信林校长的重要讲话稿子是自己写的。但是林校长可能忘记了，北大校庆上的讲话代表的不仅仅是林校长个人的价值信念，而是北大领导班子集体的价值信念。

北大校长在重大场合的发言还是需要字斟句酌、反复考量的，如果稿子事先请学校的领导班子集体讨论一下，请语言文字过硬的秘书或教授把关一下，自己再多加练习，就不会出现这种低级失误了。

所以，我想说，出这样低级的"语梗"，其关键不在林校长的语言文字功底差，也不在"文革"期间接受的基础教育不扎实，更不是什么"你们的校长是不完美的"……

根本在于——

重视程度不够。

（五）

时间是最好的药，也是最好的老师。

林建华先生那几天一定很难过，但难过也是暂时的，过一阵子大多数人都会忘记这个梗。在荒诞事件层出不穷且远胜小说的年代，谁还愿意天天念叨一个校长的什么"鸿浩志"？比这大得多的真正的大事件多了去了，往往最初民意汹汹的，最后都无声无息。

林校长大可不必耿耿于怀，正如林建华校长自己说的"校长并不是一个完美的人"，当年蔡元培还曾为陈独秀造假学历，留下了永远抹不去的污点。比起这个"学历梗"，林校长的"语梗"几乎可以忽略不计。

但"忽略不计"并不表示林校长就可以放弃进步与深入反省。

林建华校长在信中这样写道："我是会努力的，但我很难保证今后不会出现类似的错误，因为文字上的修炼并非一日之功。像我这个年纪的人，恐怕也很难短时间内，在文字水平上有很大的进步了。"林校长这番致歉貌似有为自己开脱的嫌疑——言下之意，我年纪大了、我基础不好，出这样的纰漏是情有可原的。

基础不好更需知耻后勇；年纪大了亦要勇猛精进。林校长完全可以庄重地向大家承诺"今后，尽量在重大场合不出现类似的低级错误"。

这是担当，更是勇气。

（六）

还有一点最为重要且值得林建华先生警醒，即其演讲核心观点和致歉信中一再被强调的那句话："焦虑和质疑并不能创造价值，反而会阻碍我们迈向未来的脚步。能够让我们走向未来的，是坚定的信心、直面现实的勇气和直面未来的行动。"

这段话的第二句我完全赞同。但"焦虑和质疑"尤其是"质疑"真的会"阻碍我们迈向未来的脚步"吗？

狄德罗说"质疑是迈向哲理的第一步"；周广召说"怀疑精神是科学精神的重要组成部分"；北大"独立之思想，自由之精神"的核心也应该是"质疑"精神。作为北大校长当然可以与时俱进地扬弃传统，但是北大的精神之魂是万万不能丢弃的！

丢弃质疑精神就是丢弃北大之魂。

我们可以淡忘一个校长在重大场合的小失误，我们可以不在乎校长的致歉信是否真诚到位，我们必须在乎的是一个校长是否以学生的发展为己任，以学校未来发展为己任，以大学精神能否得以延续为己任。

University（大学）的词根是 universus，是"普遍""整个""世界""宇宙"的意思。大学自诞生的那一天起，其精神气质就是一种"普遍主义"。要成为一流大学就必须在世界范围内、在最大尺度上去跟全世界最好的大学竞争。不与狮子争锋，怎成森林之王？

全球化浪潮势不可挡。产业、信息、能源、人才越来越成为跨国竞争资源的今天，如果一个国家没有一流大学的智力支持，不能永续不断地获得崭新的思想、知识、信息、人才，将在全球化发展中逐渐失去自己的位置，只能眼睁睁地看着自己在与强国、大国的博弈中屡屡失败。

大学兴衰事关大国兴衰。

11 世纪至 12 世纪，现代大学前身出现在意大利半岛，于是意大利成为了文艺复兴的发源地；

近代大学在英国兴起，英国很快成为了全球领导第一次工业革命的国家；

研究型大学的兴起，帮助德国成为了第二次工业革命的领军国家；

19 世纪末期美国创造了优质的高教体系，世界进入了"美国时间"。

要想成为大国，必须有第一流乃至伟大的大学。这伟大的大学，正如香港科技大学丁学良教授说的："它的精神气质：既要挑战世界，又包容世界；立足本国，而又面向全球；传承过去，而又超越过去；把握未来，而又脚踏实地。"

北大理应有这样的气度和胸怀。试想，如果北大学生连质疑精神都消失了，北大的精神也将消失殆尽。一旦北大消失了质疑的精神，拿什么去"传承、包容与超越"？

这，比念错字，更可怕！

林建华校长，我们在乎的不是"鸿浩"，而是北大！

仪式感·形式主义·高端会议

仪式感，是这几年教育界的高频词。

小学新生入学，举行"开笔破蒙"仪式：着汉服、点朱砂、拜孔子、诵《论语》、写"人"字、送寄语等。

有人对这样的仪式感，不以为然，认为是作秀。

也有人认为开笔礼的重要意义，在于找回被大众逐渐忽视的仪式感。整齐的队伍、规范的程序，让仪式教育润物无声，引发人的情感共鸣。

个人比较认同第二种说法。读书，是神圣而庄严的事，必须有神圣而庄严的仪式。在精心设计的仪式中，尊敬师长、继承传统、开启智慧等美好寓意和期许得以强化、暗示，利于将价值观内化于心、外化于行。

"开笔破蒙"，是心灵洗礼和启智开蒙，是学生入学教育极其重要的第一课。这秀，值得作！

中华礼仪之邦，仪式自古就有。

开笔礼、成人礼、拜师仪式、结婚仪式等，都很常见。这些仪式中包含和传递着上进、责任、孝敬、守信等美好的价值观。仪式感就是借助美的形式，使内隐的规则与价值外化，让规则和价值产生持久影响力。

仪式感的邻居是墨守成规。

一成不变的程式、一成不变的内容，让仪式感变得味同嚼蜡。开学典礼、结业典礼，年年岁岁花相似，学生逐渐产生了一种应付感和厌倦感。这样的仪式，失去了它的应有价值。

当仪式成为了鸡肋，仪式感就成了形式主义。仪式，应根据时代的发展和学生的特点，保留精华，适度创造，采用学生喜闻乐见的方式让仪式的教育功能最大化。

同样是国旗下讲话，刻板的仪式感让国旗下讲话成了灌输大道理的地方，但是有创意的校长，却可以让国旗下讲话推陈出新。

请消防队员、清洁工，讲爱岗乐岗的故事；请战胜自我的学生，分享化茧成蝶的喜悦；请最有创造力的学生，分享创造发明的故事；请最有凝聚力的团队，展示他们合作的成果……这些都是有创意的升旗仪式。

在微信中，我了解到金华宾虹小学 2018 春季开学第一天，开展了一场以"围住温暖·书写心愿·放飞心球"为主题的活动，用幸福暖心的形式欢迎教职工回校，共同开启幸福教育奋斗之旅，就显得那样富于创意和人情味，让人印象深刻。

其实，仪式感最重要的作用是让师生在精彩仪式中，体验仪式美好，受到情感熏陶。

好的仪式感，要在保持基本程序的前提下，旧瓶装新酒，不断注入时代的活力，让仪式的老酒越酿越香、芬芳四溢。叔本华曾指出："世界当然不是指理论上可以认识到的世界，而是在生命的进程中可以体验到的世界。"仪式感的核心价值，就是让人体验世界和生命秩序的美好。

仪式感，在我们的教育生活中随处可见。参加高端培训班，启动时举行开班典礼，结束了搞个结业典礼；参加名师工作室，启动时举行开班典礼，结束了搞个结业典礼……

开幕式的流程大抵是：主持人开场—欢迎到场嘉宾—班主任宣布纪律—学员代表讲话—导师代表讲话—嘉宾讲话—结束。结业典礼的流程大抵是：主持人开场—欢迎到场嘉宾—（有时候会安排个回顾片或者诗朗诵）—学员代表谈收获—导师回顾与感谢—嘉宾讲话—结束。

　　　　　　　　　　　第一辑　不一样的教育思辨

参与这个项目，一定是意义非凡的；开幕的日子，一定是具有里程碑意义的；嘉宾的讲话，一定是非常重要的；收获，一定是巨大的；成果，一定是丰硕的；不足，一定是春秋笔法的；展望，一定是豪情满怀的……

对这样的仪式，我常常觉得有些无奈。尤其是那些请七八个嘉宾的开幕式，一个一个轮着讲过去，不同的嘉宾站在不同的角度谈些不同的观点，提些不同的希望。

可是这些讲话，真的很重要吗？无非是：项目很重要，我们很重视，机会很难得，你们要珍惜；无非是：好好学习，天天向上，多出成果，出好成果。当然，也不排除精彩的嘉宾发言，常常画龙点睛、醍醐灌顶。

我常常在想，我们的开幕式或者结业典礼，可否做一些改造？可否少一些八股式的总结、发言，多一些学员参与式、回顾式的互动？可否少一些一成不变的程序，多一些出人意料的创意？可否少一些正确的废话，多一些走心的寄语？走笔至此，不由得想起曾经参加过的某次活动。四天的活动结束了，主办方举行一个简短的闭幕式。

闭幕式开始，全场关灯。

主持人播放研修回顾片——片子做得非常走心：白发老者专心致志学习的瞬间，体育教师参与语文研修的场景，母亲带着孩子坚持学习的画面，让在场的每一个老师肃然动容……

不少学员，眼含热泪。接下来，导师发言。导师没有按套路总结这次活动，而是作了精心准备的 12 分钟演讲《什么都不是问题》：鲜活的案例、精彩的视频、激情的话语。现场响起一阵阵热烈的掌声。然后是学员话别。白发老者说，我已经退休多年，但这样的培训，我终生难忘，回去，我还可以再干十年……再过一年就退休的奶奶级老师说，其实我完全可以不用出来学习，可是我老了，我的学生还小……教体育的老师说，我虽然是个体育老师，但我不远千里来研修，就是因为我爱阅读，因为爱，所以爱……

这一幕幕，深深地感染着在场的每一个人。

走心的仪式感和刻板的形式主义，其本质区别，是人。

目中有人，就会一切以人的需求出发，设计以人为本的仪式；目中无人，就会一切因袭原有的套路，设计一成不变的仪式。很多时候，并非设计者缺乏智慧，关键是眼睛看向哪里。

眼睛看向嘉宾，就会时时刻刻凸显嘉宾的地位，一切把嘉宾摆在核心，设计凸显嘉宾作用的开幕式和闭幕式；眼睛看向群众，就会时时刻刻顾及群众的感受，一切把群众摆在核心，设计让群众积极参与且终生难忘的仪式。事实上，很多学校、单位的一些开幕式、闭幕式，都很有创意，也很走心。这都因为，目中有人。

还有一种比形式主义更可怕的，是走过场主义。

参加过不少结对仪式，大部分是雷同的。先是主持人宣布谁和谁结对，哪所学校和哪所学校结对；然后，在本子上庄重签字；最后，咔嚓咔嚓，拍照留念；哦，最后的最后，一定有一篇有分量的报道，某地（人）和某地（人）结成共同体，从此掀开了崭新的一页。这一页掀开之后，怎么办？凉拌！

这是典型的走过场主义。这种走过场主义，要的，就是一个宣传报道；要的，就是一个辉煌的仪式。至于结对之后，是否真的在做事，不得而知。这样的走过场主义，浪费时间，浪费精力。这种"只有仪式，没有后续"的所谓仪式感，是一种典型的掩耳盗铃。但恰恰不少人热衷于这样的掩耳盗铃：启动了，报道了，总结了，结束了。然后，没有然后了。这样的掩耳盗铃，其实并不是个例。其背后，是浮躁心态在作怪。

比走过场主义更可怕的，是大搞，搞大。不知道从什么时候开始，各地喜欢开始搞各种各样的国际化会议，中美啊、中芬啊、中英啊……

规模越来越大，会场越来越豪华，嘉宾层次越来越高，费用当然也越来越高。请几个外国嘉宾，找一个同传翻译，于是国际化会议，隆重开幕！开幕式，必定是高端大气上档次的；出席的官员，必定是级别越来越高的；参与报道的阵容，必定是空前但绝不会绝后的。这样的国际会议，话题常常大得无边无际，同传翻译也常常磕磕绊绊。会议结束，最后留在脑子里的，往往是闪光灯咔嚓咔嚓，人头晃啊晃。

我不知道这样的国际会议，解决了什么实质性的教育问题；我不知道有关单位，从国际友人那里获得什么样的真正启迪。恕我愚钝，每次参与这样的活动，几乎没有学到什么。其实，真正让我有收获的，常常是几个人、几十个人的小型而深入的研讨。可惜这样的会议，不成规模，难成气候，不能在历史上书写辉煌一笔。所以这样的会议，也只能自生自灭了。

常常在想，倘若各地把召开国际会议的经费省下来，支援几所希望小学，也许中国基础教育均衡发展的进程，会比现在乐观许多。呵呵，我又在杞人忧天了！

从仪式感开始说起，扯到形式主义，又扯到高端国际会议。

扯远了，扯远了。就此，打住。

教师"减负",
请来真的

2018 年,杭州市拱墅区教育局正式推出"减轻教师负担提升教育品质"行动,"六大行动计划"应运而出。

不少"官宣"也紧跟着发布了这条消息。

这说明了什么?一线校长、教师以及相关媒体翘首期待这样的行动计划出台。虽然"计划不等于行动",但教育局层面敢于从"自身下刀",致力于减负,无论从哪个角度看都是一件值得称道并期待的好事。

那么,是不是有了"行动计划",教师的负担就一定会减下来?

不见得!

如果仍然停留在"计划"上,再美好的计划都不会变成"行动"。关键的关键还在于建立长效机制,落实"动真格"的"行动"!

问题来了!给教师"减负",谁是"动真格行动"的关键人物?

最关键的当然是地方教育一把手局长——甚至厅长!

局长认识到位还不够!必须得机制到位、制度到位、措施到位、督评到位。这四个到位中任何一个出问题，"行动计划"就只能停留在"计划"上。

局长要真正把基层教师的职业幸福指数当作自己的职业幸福指数，设身处地替基层教师着想，建立有助于提升基层教师专业发展的长效机制和督查制度，并把机制转化为措施落实到位，出台相应的"负面清单"督评政策。

比如，针对这"六大行动"，哪个学校、哪一块没有做好，教师举报频频的，或者检查时发现执行不到位的，予以相应处罚或一票否决。校长始终绷着一根弦，减负工程才有可能最终落地，才不会出现"上有政策、下有对策"，才不会"宣传轰轰烈烈""行动无声无息""结果呵呵呵呵"……

局长（厅长）把教师的职业幸福指数当作头等大事，在制定相关政策、推出相关项目时，就会更多考虑是否真正能助推教师的职业发展。比如，教师360学分集中培训，是否充分地考虑了教师工学矛盾？是否充分激活了教师培训内驱力?

说局长最关键还有一个很重要的维度，那就是——适度顶住外来压力（比如某些奇葩的作业，直接可以拒绝），并智慧地与各方斡旋，减少、整合、优化各部门活动，让校长安心治校，让教师静心育人。

局长从"自身下刀"，减轻教师负担，提升办事效能，还能影响外围教育环境。也许在某个时间节点上，有关部门都会反躬自问："我们是否在好心办坏事？"若真这样，局长功德无量矣!

因此，我们说局长是校长和教师"减负"的防护伞! 局长，您要把这把伞撑好啊!

第二关键是校长。

校长是教师"减负"的第二道防线。这年头，校长越来越难当。一方面要应对各种检查；一方面要办出辉煌业绩；一方面要面对各种举报……

其实，校长也特别需要"减负"。尚方宝剑一个个劈下来，每一剑都很重要：政治觉悟、大局意识、担当意识、责任意识，个个伤不起，天天泡会海……

面对各方诉求，就看校长如何应对。

如果校长什么都想要，"减负"永远是神话。

学校想评"语言文字先进单位"。好! 全民总动员，做各种台账，补各种材料，一个字、一个标点地返工。为了证明学校老师们的语言文字是"规范"的，老师们得补三年来的所有教案——而且得按照新标准，一个字一个字地抄。最终，"语言文字先进单位"的闪亮铜牌拿到了！老师们，累坏了！

学校想评"绿色学校"。好！全民总动员，做各种台账，造各种案例，补各种照片，搞各种活动。轰轰烈烈、烈烈轰轰，七不隆冬、隆不七冬、焦头烂额、额焦头烂……终于，"绿色学校"的闪亮铜牌拿到了！老师们，累倒了！

还有很多很多，创安、创卫、禁毒、消防、国防……太多亮闪闪的牌子等着去拿。于是，全民总动员……

我深深地理解校长们的苦衷与苦楚。办学业绩很多时候只是看得了几块有分量的牌牌，有了这些牌牌就是"先进学校"；这些牌牌没拿到就是"后进学校"。在这个功利的社会，我们完全理解校长的这种"拿牌"情结，否则各方压力扛不住。

可是在"拿牌"的路上，校长们也可以"有所为，有所不为"！

真有一类校长，他们深知牌可以拿，但不是所有的牌都值得拿！这些校长，绝不以牺牲教师幸福感、干扰教学秩序来换取各种牌子。他们深深地知道，师生整天疲于奔命，哪怕拿了一大堆宇宙超级无敌牌子，又能证明什么?！

校园里从来就没有"岁月静好"，那是因为校长在为你遮风挡雨！

为这些有情怀有担当的校长，点赞！

这样的校长深深地懂得，真正的"碑"是在百姓口中，不挂在墙上。

当然，说校长是教师"减负"的第二关键人物，远不是减少"拿牌"那么简单，更多地要从杜绝或者减少学校管理中的"形式主义""繁琐主义"开始……

我深知校长的不易，很多时候校长也身不由己。相信看到老师们怨声载道、筋疲力尽，作为校长，也是深深地无奈和痛惜。

在"减负"这条路上，校长和教师必须一条心，美好的愿望才有可能变为现实。

校长是教师"减负"的第二道闸门，也是"减负行动"的关键执行者。教师"减负"能否落地，校长至关重要！

第三关键则是教师自己。

教师的负担来自各个方面，常常防不胜防。但有些负担，却是教师自己制造的，比如家校联系。建一个微信群方便家校沟通，往往是班主任的第一选择，但是家校微信群常常成为"定时炸弹"。

有一段时间，微信群"冷暴力"事件频出：有家长在群里骂老师改试卷不及时，直接冲到学校殴打教师的；有家长因没有完成相关的"家庭作业"，被老师直接踢出群，骂老师的；有班主任晒了学生"有暴力倾向"的作文，未隐名字，遭家质问的；……

各种闹心事，层出不穷！

问题出在哪里？关键还是班主任没有制定"群规"，没有妥善管理和及时沟通导致失控。其实只要用心经营，微信群应该是可以避免这些"冲突"的。比如我认识的一位资深班主任，她在班级里建了一个群，直接规定这个群只是老师用来给家长发布相关消息（每天的作业、紧急通知、孩子们活动的照片和视频）用的。而且该教师规定，大家工作都很忙，为了避免信息干扰导致家长错过重要信息，这个群除了主题经验分享，家长一律不发言、不回应、不闲聊。家长有什么事情，和老师电话沟通！

这样的微信群管理，简单、高效，且不会产生不必要的误会。你看，这位资深班主任就很懂得给自己"减负"。

其实，不仅仅是微信群，还有很多事，班主任都可以给自己"减负"。

比如有些不得不完成的征文，我们不用让每个孩子参与，选两三个代表即可。比如有些项目，我们换个姿势多拍几张照片，既可以用来应对某某检查，又可以用来应对某某检查。比如有些不得不交的材料，在去年的基础上适当修改一下，交出！

……

当老师，够辛苦！有些事，看开些！何必每件事情都那么认真！何必每项比赛都拿第一！

何必自己跟自己过不去！对学生有益的事，我们全力以赴认真完成！对学生无益的事，我们全力以赴地拒绝！有所为，有所不为，才能真正有所为。当教师，忙是常态，如果你认定所做的事对学生是有价值的，那就要忙而不乱，忙而不怨，忙而不怠。

以忙为借口的消极怠工，才是对学生的不负责任！

其实，中国教师是最善良的。一次又一次望眼欲穿盼"减负"，一次又一次地"狼来了"，依然初心不改，痴心不改……面对上级领导的"行动计划"，我们依然选择——

相信未来！

教师"减负"，来真的？来真的！

教师"减负"，真能减？真能减！

教师"减负"，我的未来不是梦！

"双减"之下，谁来解教师之"惑"

在某个群里，看到这样一条留言：

刚从学校出来，一日三餐都成问题，早上没空吃，晚上到家没胃口吃……

有些话憋了好久，不知道该怎么说，我觉得现在的孩子太可怜了，幸福指数比起我小时候简直不要太低。学生没有自由的时间，就连课间、中午都不能走出楼道，下课仅仅是从教室到卫生间两点一线。早上7点披星戴月来到学校，晚上6点又是披星戴月才回到家。

不知道教育改革到现在是不是病了，老师一天忙到晚都是干杂活，忙活得顾不得吃饭，就连备课的时间都没有，我不知道每天这么忙碌的意义何在。没有准备就上课，感觉自己就是在误人子弟。以前总在反思，是不是自己工作效率太低？还是学校管理的问题？经过了解发现，教师在校时常达到12小时的不在少数……

一时语塞，不知道说些什么了。

读完这条留言，我难过了很久。

相信有这种感触的老师，不在少数。

然而在各类总结里，老师们却被描述成职业幸福指数很高：

"太阳底下最辉煌的职业"；

"人类灵魂的工程师"；

"春蚕""蜡烛""人梯"；

……

天下最美好的词语，似乎都献给了老师。

新闻里、报纸里、美篇里，我们看到的都是老师先进的典型、敬业地工作，好像"风景这边独好"。然而微博里、抖音里、小红书里、公众号里，各类自媒体人以骂老师赚流量，把老师当作臭老九甚至敌人批斗的文字、视频，多如牛毛、触目惊心……

老师们的内心，正经历前所未有的撕裂与煎熬。无数一线老师，无比坚定却又痛心地说："我一定不会让自己的孩子当老师的！"一边是地位被抬得很高很高，一边是被无情的现实踩得很痛很痛。

现实，让人无比忧伤。

最让人难过的是一肚子话想说的老师，真正让他 / 她说话的时候，他 / 她却变得沉默不语。因为他 / 她被告知，不能传播负能量，不能满腹牢骚。

有些委屈，必须吞到肚里；有些难过，必须自我消化。哪怕内心翻江倒海，也要装成风轻云淡。一旦在朋友圈转发颇有"微词"的文章，就会被领导特殊关照。太多老师，卑微、怯懦到连点个"在看"都不敢！

肩负"传道、授业、解惑"重任的老师，"传道、授业"的时间越来越少，各种各样的"困惑"却越来越多——

他们困惑着：家长骑电瓶车戴不戴头盔、防诈骗的 APP 下载与否，咋都归老师管了？！

他们困惑着：老师咋连自己的课都来不及上，却要停课去"创文"去扫大街去巡视鱼塘？！

他们困惑着：明明教育部发文不得组织任何形式的区域统测统考，为什么统测统考的科目却越来越多？！

他们困惑着：明明有文件规定小学生在校时间不得超过 6 个小时，现在超过了 10 个小时却没人吭声？！

　　　　　　　　　第一辑　不一样的教育思辨

他们困惑着：明明上头开展的关于"双减"的调查，让家长自己无记名投票，为什么却要老师做好答案，让家长照着填？！

他们困惑着：明明"双减"这件事是需要全社会共同面对的，为什么最后责任几乎全部落到了学校、落到了老师头上？！

他们困惑着：为什么非要把放学的时间延迟到晚上 6 点以后，让孩子们饿着肚子在学校苦等？公务员、企业员工难道就不可以提早到 8 点上班，让孩子们准点放学？！

他们困惑着：学生的作息时间表、课务安排表，咋被排成了阴阳双表，检查的时候用 B 表，实际执行的却是 A 表（而且反复叮嘱学生，只有一表、只有一表）？！

他们困惑着："千教万教教人求真，千学万学学做真人"的老师，为何在各种检查、评比的时候，却要违心地教学生撒谎？！

越来越多的困惑，让老师们越来越迷迷瞪瞪、昏昏沉沉、晕晕乎乎。

"以己昏昏"，如何"使人昭昭"？

"双减"之下，谁来解老师之"惑"？

一个社会，如果"传道、授业、解惑"的老师没有了职业幸福感、认同感、自豪感，反而有说不尽的迷茫感、混沌感、自卑感，那么这个社会的教育必定出了大问题！

教育出了大问题，未来将会怎么样？

请问，世界上哪一个发达国家不是把教育作为优先发展的战略来对待的？

是的，我们也一直把教育放在"优先发展"的战略地位，可是，相关部门把国家的政策落实到行动上了吗？执行到位了吗？（或者是否执行过头了呢？）

如果真的把教育放在"优先发展"地位，就不应该把"双减"这么大的事儿几乎全部落在学校、落在老师头上！

如果真的把教育放在"优先发展"地位，就不应该有那么多地方"前赴后继"地爆出教师"讨薪"（实际是维权）事件！

如果真的把教育放在"优先发展"地位，某些地方就不应该把笔试分数是个位数的大学毕业生吸纳进教师编制！（请不要用深圳的博士生硕士生考编说事，全国有几个深圳？）

如果真的把教育放在"优先发展"地位，就不应该让那么多一线教师困顿、迷茫、郁闷，逐渐失去奋斗热情！

……

凡此种种，困惑重重。

"双减"之下，谁来解教师之惑？

写下此文不是为了发牢骚，而是希望有关方面静下心来关注教师职业困惑，直面教师职业困境，解决教师职业痛点。

"键盘侠"们，请不要劈头就怼："你不想当老师，辞职呀！"

也不要用"哪个行业不辛苦"简单粗暴地质问老师！

请仔细想想吧——

当越来越多的老师累病了，

当越来越多的老师累怕了，

当越来越多负责的老师心寒了，

当越来越多敬业的老师心塞了，

当越来越多优秀的教师不干了，

当越来越多的优秀大学生不愿意考教师编制了，

当越来越多的优秀毕业生不愿意读师范院校了……

我们的教育，还有救吗？！

那些以骂教师为己任的"键盘侠"们，你们的孩子或孙子孙女不需要优秀老师吗？你们都准备领回家去自己教吗？！

停止你们的谩骂吧，赢了教师，输了孩子！所有人都在同一艘育人的船上！

上上下下，唯有真正深入一线教师，睁大双眼关注教师的困惑，了解教师的疾苦，解决教师的困难，这艘船才能平稳地劈波斩浪！

否则，这艘船真不知会把中国教育带向何方！

以下四个关注，引自《中国教育报》，值得引起各方深思：

一、关注教师劳动权益

要正确认识教师的角色，体谅教师的工作难处，支持教师相对独立的教育工作，为教师减负营造良好的外部环境。我们要看到，教师除了常规的教育教学工作以外，还有课业辅导、学生管理以及迎接上级检查等大量工作。

因此，教育部门和学校要尽量减轻教师的非教学负担，赋予教师对非合理性工作安排说"不"的权利。

二、关注教师工作时长

如果一个中小学教师每天工作十几个小时，他们长期没有自己的时间，透支的不仅是他们的体力与精力，还透支着他们的激情、业务能力和生活质量。教育主管部门和学校要从法律与制度的层面保障教师法定休息时间不被侵犯，让他们有属于自己的时间。

学校应尽可能从弹性工作时间入手，让教师们放松身心、储备精力，更好地投入工作与学习。教师可以采用弹性工作制的方式，采用核心工作时间和前后两头的弹性工作时间相结合的方式。

三、关注教师专业发展自主权

表面上看，如果大面积实施"弹性工作制"，教师在校的时间可能少了，但这些"少"给予了教师自我管理的空间。当教师精力充沛、精神需求得到满足，有时间进行自我提升时，最大的获益者是学生、是学校。

四、关注学校人员配置

当前中小学教师负担过重集中体现在工作时间过长和非教学任务过重。就我国而言，要切实减轻教师过多的工作摊派，必须优化人员配置，公平、合理地分配教师及工勤人员的任务。

教育管理部门必须考虑合理配置学校专任教师与非专任教师的比例，并在非专任教师中明确职员、教辅人员与工勤人员的最低比例，从而基本满足中小学的管理、教育、教学、教辅及工勤需求。

最后，要减轻中小学教师负担，还要从教育教学工作任务、专业发展需求、职称评选、工资待遇、心理健康等多方面考虑。从制度设计层面，切实减轻教师的工作负担，这不仅有助于营造尊师重教的社会氛围，切实提高教师的社会地位，而且可以在一定程度上改善教师的生活质量，缓解教师的生存压力，让教师能够安心从教、舒心从教。

"双减"不可逆，
请大胆给孩子"留白"

（一）

"双减"政策以不可阻挡之势席卷中国大地，培训机构纷纷关停或转型，晚托、暑托如雨后春笋纷纷出现。

教育正在发生重大变革。

从大局来说，我十二分支持国家的"双减"新政。我曾写过十多篇文章呼吁"减负"政策真正落地，奈何每次都是雷声大雨点小。这次无疑力度是最大的，也希望是最有成效的。

如果真能趁机把师生和家长过重的负担减下来，这可能是一件功德无量的大好事。

我很担心出现表面上禁止补课，暗地里仍然以其他方式进行"鸡娃"的现象。家长的焦虑不减反增，这就有违初衷了。

因此"双减"政策的落地，除了政策执行到位之外，还要制度和机制的配套跟进。

家长之所以焦虑，是因为孩子未来有限的优质就业岗位远远落后于庞大的就业人口。于是家长千方百计地让孩子挤进名校。各种教育和就业焦虑是问题的根源，培训机构的资本介入与过度发展只是表象。

要想根本上改变家长焦虑的现状，国家层面除了出台"双减"政策之外，最关键的是增加未来优质就业岗位，大幅度调整产业结构，为更多读职业高中、职业学院的孩子提供收入并不低于其他名校毕业生的就业岗位。

一句话，当金领、蓝领、白领的总体收入并无明显差异，甚至偶尔有蓝领的收入高于白领、金领的时候，家长就不会如此焦虑了。

所以"双减"能否成功，关键看国家各种配套政策的落地，而不是简单地关停辅导机构或落实暑托、晚托那么简单。后者只是治标，治本还得看国家的决心、魄力和智慧。

当下这样的政策也许是过渡行为，我们期待更深层的变革。

（二）

虽然"双减"政策出台已一年多，但家长焦虑的情绪依然没有缓解，以各种方式"鸡娃"的家长依然浩浩荡荡、前赴后继。

我深深理解家长的担忧，对家长们的各种不安感同身受，但是一味焦虑无助于问题的解决。家长朋友们不妨趁着"双减"政策的逐步推进，在未来还不是很明朗的时候给自己和孩子适度松绑，适度"留白"。

著名历史学者傅国涌先生在他的《教育留白——童年的植物性生长力量》一文中，关于"留白"有很多精彩的言论——

● 教育的过程是缓缓展开的，如同一棵树一般。教育不是一场战争，不是激烈的角逐，而是生长，自然的生长。当教育被狭隘化，变成知识碎片的游戏，教育的本质就被忽略了。

● 一个好的老师，不是要扼杀一个孩子的想象力，而是想方设法打开孩子的想象力，让他们在课文、课堂和课外的嬉戏中，处处都找到新的可能性，在与世界万物的对话过程中，不断地拓展他们的想象力，而不是限制他们的想象力。失去了想象力，人类文明就停滞了。

● 闲暇的时光，就是留白，就是给足自由呼吸的空间。如同中国画强调留白一样，教育是需要留白的，或者说好的教育就是留白的教育。留白，让人可以有时间、有机会去想象、去思考，理想、希望也慢慢培育起来了。

● 教育不是要填满孩子所有的时间来提高孩子成绩，相反，是给予孩子一些自由支配的时间，让他去阅读，去亲近自然，去玩耍，甚至什么都不做，让他的身心（或者说肉体和灵魂）有一些放松的时光，让他独立地找到方向。

傅国涌先生在这篇文章里，一次又一次地呼吁还童年以游戏、闲暇、想象、思考……如果童年时代没有了这些，一代童年是多么的苍白。

（三）

家长们，趁着"双减"政策的落地，给您的孩子适当"留白"，还童年以童年原来的样子，这是一件多么明智的事情——

带孩子去攀登一座又一座高山，在登山的过程中锻炼他们的身体、磨炼他们的意志，让他们的身体更健壮，精神更强健。

和孩子一起长跑，在路程不断延伸的过程中感受坚持的力量，感受陪伴的幸福。让孩子们在日不间断的奔跑中锻炼毅力。

和孩子一起品读经典，在啃下一本又一本经典名著的过程中拓展人文视野，涵养人文气质，足不出户却能跨越千山万水，享受读行万里的快乐。

和孩子一起开一个微信公众号，和孩子一起写作，争取每周更新一篇文章，用写作留住生命的每一个精彩瞬间，用文字为生命存档、酿造芬芳。

和孩子一起远足，让孩子确定目的地、安排行程、制定攻略、落实住宿，在真实的旅游行动中培养他们的问题解决能力和规划能力。

参与高质量的研学营，在研究与合作学习中学会探索、学会合作、学会表达、学会分享，成为一个真正的现代人。

让孩子发展他真正的兴趣爱好，书法、摄影、乐器、演讲、绘画、编程、木工、陶艺，找到孩子真正的兴趣点，让他沉醉期间、乐此不疲。

让孩子在农村待上一段时间，让他们赤脚在乡间田野里奔跑，呼吸清新空气，认识自然万物，养鸡、养鸭、放牛、放羊，成为一个满脸泥巴的野孩子。

……

"留白"方式很多很多。也许你会觉得，"留白"的结果可能荒废了孩子的学业，跟不上其他同学。

但是学习这件事，不一定弦绷得紧紧的就一定好。

学习之道，有张有弛。

或许孩子玩够了，疯足了，会以更饱满的激情投入到新的学习中来。也许身体和心灵的强健，可以带动学习力的提升。

以上建议，也许你会觉得是痴人说梦。然而真的有不少家长开始了反内卷教育，一边等待国家出台重大的惠民政策，一边从自己的育儿观念和育儿行动开始改变，这也许是一种明智的选择。

不一样的
功底修炼

名校成就名校长，
还是名校长改造名校

"一个好校长就是一所好学校"，这句话在中国是颠扑不破的真理。

在中国，确实有什么样的校长就有什么样的学校。校长的人格、学识、气度、视野、涵养，决定着学校的气质。

在中国，几乎每一座城市都有一两所"最牛"的学校。当地老百姓都以进这样的牛校为荣。每年想进这些学校读书的学生多如牛毛，这些牛校的背后必定有一个牛校长。他们有极强的人格魅力，神通广大，呼风唤雨。

这些牛校长对打造优质学校功不可没，可以说没有这些牛校长，就没有这么多名校。

但我们也常常看到，一旦某位牛校长调离本校或退休，因接替这所学校的新校长资历、能力以及社会关系可能不及前任校长，这所学校会有一个比较大的下滑，有的甚至一蹶不振，沦为二流学校。不可争辩的事实告诉我们：先有名校长才有名校，名校长走了，名校也随之黯淡。

也会有一些特例，比如杭州的天长小学、学军小学等。学校历史悠久，几代校长、教师孜孜以求、筚路蓝缕，积淀了深厚的学校文化，哪怕校长换了一任又一任，学校的精神DNA 一直在，学校依然蓬勃发展。我所熟悉的浙江天台平桥小学，前任的前任校长顾智勇先生，就是一位极有个人魅力的校长。他担任平桥小学校长期间，非常重视教师队伍建设，书法教育是学校最亮的名片，在国内都小有名气。后来顾先生担任教育局领导职务，换了另一位安校长，安校长干了两年就到城关当校长，接替的是贾校长。校长虽换了几个，但书法教育的传统得以很好地接续，学校人心稳定，发展势头良好。

这些经久不衰的名校或者传统保持良好的学校之所以生生不息，是因为学校精神文化深深地植入到学校师生的灵魂之中。精神文化是学校文化的内核，它包括办学思想、价值信念、态度作风、行为方式、典礼仪式、人际关系等。名校之所以历久弥新，就在于以校长为首的领导班子始终坚持和弘扬优秀的文化传统，经过历史的积淀、重组、扬弃、凝练、创新，最终形成了看不见的精神文化——学校精神。这种精神散发着迷人的光彩，其穿透力、凝聚力、感染力无比强大，熏陶、浸染着一代又一代莘莘学子。

但是也有这样一些学校，原本在某一方面很有特色，或学校管理，或课程建设，或学科教学……经营得风生水起，在地方乃至全国小有名气，也深受家长和学生欢迎和拥戴。可是换了一任校长，因校长研究的重点或者关注点发生了变化，于是学校放弃了已经做得很有特色的项目，另起炉灶，从头再来。优势项目丢进风里，教师、学生、家长被迫跟着新校长开启所谓的学校发展2.0、3.0 时代。

变革不止，折腾不止。

这样的校长貌似充满着变革与创新的勇气，但这样人为地割裂历史的做法违背了学校发展的逻辑。学校是一个文化系统，学校精神文化是几代人共同营构而成的。学校文化的本质，不在墙壁上，不在制度中，而在几代人共同传承下来的学校精神中。一旦这种精神被人为地破坏，师生就会无所适从。

说严重点，这是对学校历史的割裂与戕害。

想起了建筑大师梁思成的故事。梁思成不仅是著名的建筑学家，而且一度是北京市的副市长。1950 年 2 月，梁思成和居住在南京、曾留学英国的著名建筑家陈占祥一起交了《关于中央人民政府行政中心位置的建议》，即著名的"梁陈方案"，提出在旧城外的西侧另辟新区。这样旧城留下，新建一个新中国的政治心脏，而一条便捷的东西干道连接新旧二城，如扁担一样担起中国的政治心脏和中国的城市博物馆。可惜，此方案未被采纳。

我们为"梁陈方案"被否决而扼腕兴叹。若是这个方案被采纳，我们今天看到的北京城将是什么样的气度？

再把目光聚焦到国外。

先说英国两个著名的大学城——剑桥和牛津。一些主要建筑物，如古典的大教堂、穹隆顶、尖塔、拱门廊，以及檐下繁复的花饰，都得到精心的保护，没有破败的景象，但明显给人以经历了沧桑的岁月侵蚀之感。

不仅仅是建筑，文化传承也体现在一景一物之中。"数学桥""叹息桥""克莱尔桥"等，光听名字就知道有一段故事。

剑桥整片的住宅房屋，无论新房老房，大多二三层楼高，没有高层建筑，没有现代方盒式、摩登式的房子。事实上，并不是剑桥有严格的规定，而是没有人会在这个美好的环境中标新立异，大家自发地尊重这种环境。

在美国，有二三十年历史的建筑不得随便拆除，一些 18、19 世纪的房子就更不用说了，像百年老校芝加哥大学的建筑属于保护建筑，整个老校园都被完整地保护下来，连一棵树死了都要追究责任。

不得不感慨，当我们漫步在这些古老的建筑群中，会有一种时光倒流的错觉。置身这样富有沧桑感的廊道和建筑群中，文化气息扑面而来。学校精神就在一砖一瓦、一草一木间得以很好地接续、承传。

学校发展要尊重历史，敬畏历史。学校不是用来被打扮的小姑娘，任由校长涂脂抹粉。任何试图从根本上否定学校历史的行为都是短视的，前任乃至前任的前任校长和教师留下的传统，都凝聚着几代人的智慧和心血，这种智慧和心血是比学校的建筑更为宝贵的精神财富。这些财富一旦被抛弃，学校历史就被抛弃，精神血脉就被割断。虽然校长以强势的方式推进自己的理念，锻造自己的品牌，短时间内也是能取得成功的，表面上看新校长打造了一所新名校，但其代价是以破坏学校原有的精神生态为代价的。

精神生态一旦被破坏，内伤愈合起来就很难。

新时期的校长切不可放大自己的作用。相反要缩小自己，把自己放在学校发展的坐标系中，认清担当与责任——校长的担当与责任在于充分继承学校精神的基础上有所创新，而不要光想着任期内可以做什么轰轰烈烈的大事。学校教育是千秋大业，切忌急功近利。校长要安安静静地把学校精神传承好，让老师们按着过去的方式往前走，悄无声息中静悄悄地把你的一些想法融入其中，这便是校长的功德之所在。

想起了美国心灵大师拿破仑·希尔的一句话："你非常重要，但转眼即过。"你的成功属于你，你在这一任校长岗位上可能会干得很成功，但你再成功也无法超越身为人类的极限。你试图超越、改写学校的历史，学校的历史终将遗忘你的存在。

过去，我们信奉"一个好校长就是一所好学校"。而今，我们更期待"名校成就名校长"，而不是"名校长改造名校"。

为什么陈序经式的
校长越来越少

近读《陈寅恪的最后 20 年》，感慨万端。我在心里一遍又一遍地问：为什么像陈序经这样的校长越来越少？

这本书中，岭南大学校长陈序经和史学大家陈寅恪的交集，令人肃然动容。

"陈序经，海南岛文昌县人，1903 年生。1920年入读岭南中学，1925 年毕业于复旦大学，1928年获美国伊利诺博士学位，30 年赴德国柏林大学进修……1931 年—1934 年在岭南大学，1934 年任南开大学教授，至 1948 年，在南开大学服务十四年后，担任岭南大学校长。"（《陈寅恪的最后20 年》）

陈序经在东南亚历史方面的研究达到了当时国内最高水平。他曾有机会担任广东省教育厅厅长、驻泰国大使、国家教育厅次长、新加坡南洋大学校长，但陈序经都不为所动，长期致力于岭南大学的建设。

陈序经校长识人的眼光、用人的胆识、容人的雅量、留人的诚意，足可成为当代校长之楷模。

一、识人的眼光

1948 年 12 月，国共分裂已无可挽回。国民党开始实施"抢运学人"计划。大学问家陈寅恪，以及社会活动家胡适等，理所当然地成为第一批抢运学者。胡适飞赴美国，尔后去了台湾，从此没有回过大陆。而到了南京的陈寅恪，最终没有去台湾，而是去了上海，在陈序经的真诚劝说下，来到了岭南大学。

在当时，作为陈寅恪的知音，陈序经深知陈寅恪的价值。他力排困难，不顾压力，为这位"教授中的教授"，创造力所能及的从教与治学条件。

不仅是对陈寅恪，凡是有才华的人，陈序经可说是求贤若渴。他数次冒着战火，只身北上，劝说容庚、冯秉铨、王力、周寿恺、陈耀真、毛文书、谢志光等来岭南任教。短短一年，前后来岭南大学的大师级人物就达二三十人之多。这超豪华的阵容，足以让世人震惊。

陈序经识人的眼光，让人刮目相看。

二、用人的胆略

1948 年，陈序经入主岭南大学。当时的岭南大学整体实力与北大、清华、南开等北方名校相比，逊色很多。

彼时，国内战火频频，风雨飘摇。作为一校之长，陈序经深知教授之于学校的价值与意义。因此，他千方百计地为教授们创造良好的学术研究氛围，并让教授们担任重要岗位，真正实现"学术治校"。

陈序经用人之胆略，非常人可及。

好不容易聘请到陈寅恪，就要充分发挥他的作用。陈序经为陈寅恪开出了最高的年薪（是其他教授的 2～3 倍），同一期的《岭南学报》，打头的四篇文章全部是陈寅恪的。真所谓"疑人不用，用人不疑"。

日常生活中，陈序经无论多忙都抽出时间无微不至地关怀陈寅恪。这些暖心的举动让双目失明、对现实政治深感隔阂的陈寅恪有一种归属感，使得中国学人"独立之精神，自由之思想"在南国校园得以高扬。

著名语言学家王力，原本就任于中山大学，陈序经把他挖到岭南大学担任文学院院长，月薪由一百多元提到四五百元之高。

原本已在台湾工作半年的姜立夫，因陈序经的真诚邀请，离开台湾回到大陆，担任岭南大学数学系主任，后来在该领域做出了杰出的贡献。

陈序经的用人胆略，从这些小事中，可窥见一斑。

三、容人的雅量

抗战前夕，岭南大学便初步形成了自己的办学精神——追求"四个自由"，即尊重个人思想、信仰、言论与学术的自由，绝不允许介入政治斗争，提倡岭南一家亲的合作与互存互助精神。

陈序经把办学精神发挥到了极致。

1948 年，在就职仪式上，陈序经开宗明义："……对于学术的发展，并无宗派之分，而注重自由讨论之精神……"九年后，担任中山大学校长的陈序经，在《我的几点意见》一文中提及"要有优容雅量，否则学术上就很难有显著的进步"。

二十世纪五十年代的广州，流传着一段佳话，足见陈序经"优容雅量"之品格。

当时主政广东的陶铸有一次到北京开会，周恩来总理在中南海接见了他。周总理笑问陶铸："广东有一位教育家最善于团结高级知识分子、学者专家，能聘到一级教授任教，你知道是谁吗？"此时的陶铸脸露难堪之色，笑容可掬的周总理说："他是岭南大学校长陈序经，你要向陈序经请教，向他学习一点知人善任的好作风。"

陈序经对待知识分子总是如春风一般和煦。他宽厚温和，善于化解各种矛盾，也从不计较别人的误解和无端责骂。

也因此，在精英云集的大学校园，陈序经以独特的学识、宽厚的人品和雅容的气度，赢得了盛名。

四、留人的诚意

陈序经挖人本领很高，其留人诚意也非常人所及。

1949年，国民党教育部长杭立武曾多次邀请陈寅恪离开大陆，陈寅恪始终不为所动。1949年9月，杭立武再次抵达岭南大学，力邀陈寅恪先去香港，而后转道台湾。杭立武当场承诺陈寅恪若能成行，马上兑现10万港币和新洋房。陈序经立马表态："你给十万，我给十五万，马上建新房。"

如此针锋相对，岭南大学最终留住了陈寅恪，陈寅恪也得以写出《论再生缘》《柳如是别传》这样的伟大作品。

在法律界大名鼎鼎的燕树堂，因性格清高，甚少替人打官司。但家里人口众多，为了糊口，被迫当街摆卖私家杂物。这一幕被陈序经看到，他拦下燕树堂，并送钱物到他家，告知他今后不要再当街典卖物品，"没有钱告诉我一声"，一时传为佳话。

当代教育，呼唤更多陈序经。

毫不夸张地说，一个优秀的大学校长就是一所大学。岭南大学在战争的艰难环境中，在短时间内变成了国内一流大学，陈序经居功至伟。其学科研究的造诣，其识人眼光、用人胆略、容人雅量、留人诚意，写就了他的辉煌。

其实，无论是大学、中学还是小学，校长的气度、学识与人品，至关重要。

可惜在这个功利盛行的年代，这样纯粹的校长已经凤毛麟角。从这个意义上说，我们更加渴望涌现更多的陈序经。

当代校长，当学陈序经，拥有一双火眼金睛。

校长眼里看见什么，校园里就会涌现什么。校长看见更多有才华的老师，并把这些有才之人挖至麾下、尊为上宾、奉为至宝，这个学校就会形成尊重人才的良好风尚。反过来，若校长妒贤妒才，防范人才，用人唯亲、进人唯财，学校就会出现更多宵小之徒。小人当道，学校就会乌烟瘴气。

当代校长，当学陈序经，果断启用有才华的人。

校长用什么样的人，学校便会成为什么样的学校。有才华的人往往疏于经营人际关系，往往淡薄人情世故。如果一个校长把谁跟自己走得近当作用人的唯一标准，就会把大量庸才乃至小人罗致麾下，就会让校园怪象迭出，就会让学术远离校园，校园就会成为钩心斗角之所。相反，任人唯才，校园就会风清气朗。

当代校长，当学陈序经，大胆包容不同的政见。

校长若过于注重权威，就会容不下异见，校园就会只剩下一种声音，整个管理就会变成流水线那样机械刻板。校长，要容得下不同的观点，容得下不同风格，让各路人才绽放各自的精彩，做到"和而不同，美美与共"。否则，校园就成了"小老头林"——森林里，设若没有其他树种，生态就会失衡，很快森林就会消失。

当代校长，当学陈序经，真诚留住每个优秀教师。

"流水不腐，户枢不蠹"，正常的流动是良性生态的标志。但若是一个学校（或一个区域）大量优秀人才外流，第一责任人就是校长（局长），如果政策无法留人、待遇无法留人，再加情感也无法留人，那么外流就成为必然。校长（局长）当学陈序经，用政策、待遇和情感，千方百计留住人。留住人，才能留住事业。

其实，希冀涌现更多像陈序经这样的校长，其关键还是整个教育大环境和教育主管部门的导向与引领。什么土壤，结什么果。

愿更多校长成为陈序经，愿更多校园成为新岭南。

学术自信与学术自缢

朱光潜先生在《精进的程序》一文中谈到：

"作文有如写字。在初学时毛笔拿不稳，手腕运用不能自如，所以结体不能端正匀称，用笔不能平实遒劲，字常是歪的，笔锋常是笨拙扭曲的，这可以说是'疵境'。"

"如果他略有天资，用力勤，多看碑帖的笔迹（多临摹，多向书家请教），他对于结体用笔，分行布白，可以学得一些规模法度，手腕运用灵活了，就可以写出无大毛病的，看得过去的字。这可以说是'稳境'。"

"如果再想进一步，就须再加揣摩，真草隶篆各体都必须尝试一下，各时代的碑版帖扎须多读多临，然后荟萃各家各体的长处，造成自家所特有的风格，写成的字可以称得艺术作品，或奇或正，或瘦或肥，都可以说是'美'。这可以说是'醇品'。"

"最高的是'化境'，不但字的艺术成熟了，而且胸襟学问的修养也成熟了，成熟的艺术修养与成熟的胸襟学问修养融成一片，于是字不但可以见出驯熟的手腕，还可以表现高超的人格……"

其实，"疵""稳""醇""化"四"境"，普适于各个行业和各门艺术。

木工学艺，从认识木工器具开始到独立设计、制造家具乃至成为木工大师，必须经历这四个境界。

练习国画，先从最基本的技法训练入门，从仿到创再到形成风格，也要走过这样四个阶段。其他诸如美术、摄影、音乐、书法，无不应了这个理儿。其实教师的成长，也符合这样的规律。

一个教师从刚进入教师队伍到成为卓越教师，其教学生涯也必得经由"疵境"到"化境"，任何人概莫能外。不少人终其一生，只能停留在二、三境界。

有段时间，一直在对比研读《风姿花传》（世阿弥著）、《教师花传书》（佐藤学著）、《古典学术讲要》（张文江著）。受这三本书的启发，我对教师的专业发展的阶段性特点，有了更为清晰的理解。

《风姿花传》是日本能乐理论的代表性作品，也是中古时期东方戏剧理论的高峰。此书将演员练功习艺分为七个阶段（各阶段的特点，我根据原文意思加以归纳）：

七岁——自然表演，激发兴趣为妥；十二三岁——姿态、声音、演技俱佳，但只是"一时之花"，以练基本功为主；十七八岁——处于"变声期"，宜闭门练功；二十四五岁——偶露峥嵘，灵光一闪，但须潜心修炼；三十四五岁——黄金岁月，演技精进，但还不是最辉煌的时候，须谨言慎行；四十四五岁——鼎盛时期，选择适合自己风格的表演并选好接班人，培养新人；五十岁后——已过黄金时期，但"花"未凋谢，能继续演出的必定是大师级的，减少演出，精益求精，花更艳丽……

这七个阶段，用来衡量中国演员也合适。

这本书的核心理念有两点：第一，任何技艺精进都有自然规律可循；第二，人要遵循规律，不断地潜心修炼，方能走向卓越。

日本教育家佐藤学先生，潜心研读此书数十载，结合教师工作特点，写出了《教师花传书》。佐藤学形象地把教师的"技能"比作"种"，将"艺术"比作"妙花"。教师唯有经过长时间"技能"修炼，才能将"技"与"心"结合，让艺术成为"妙花"。

如果把世阿弥、佐藤学等人的观点，与朱光潜的"四境界"说联系起来，我们可以做这样的对应——

"疵境、稳境、醇境"——对应于十二三岁至三十四五岁，这是一个人学艺练"技"的阶段；而"化境"——对应于四十四五至五十岁后，这是一个人事业抵达"妙花"的阶段。其实教师的专业发展，还可以推后十年。

在抵达"妙花"的过程中，需要两方面的修炼：一是"技艺"的修炼，相当于不断培植"种"；二是"学养"的修炼，让自己的"心"逐渐走向成熟，直至时机来临，"妙花"绽放。

这也正如佐藤学概括的："教师的工作，既有匠人的一面，也有专家的一面。一般而言，匠人的动作，是无意识中进行的，而专家的思考则是有意识的；匠人的动作是显性的，而专家的思考是隐性的。作为匠人，教师的世界是由'熟练的技能''经验''直觉或秘诀'构成的；而作为专家，教师世界则是由'科学的专业知识''技术''反思与创造性探究'构成。匠人是通过'模仿'与'修炼'来学习的，而专家则通过'反思'与'研究'来学习。"

佐藤学的论述进一步清晰地指出，一个教师由"疵境"抵达"化境"的必由通道就是"技"和"心"的兼修。说白了就是教学技能与理论修养的兼收并蓄，除此别无他途。真正通透的理论总是深入浅出，且能经得起推敲与检验的。

考察中国几代名师的成长，凡称得上大家的，必定在"技"（教学技能）和"心"（理论素养）两方面同时精进，这也可以对应武侠世界的剑与气——剑气合一，才能武艺超群。

（当然，大家还离不开"德"，否则如欧阳锋，武功再高也无法称为大家。）

过于注重技艺的修炼而在理论上缺乏建树的，很难抵达"化境"——亦即世阿弥所说的"妙花"的境界。这就好比真正的武林高手，绝对不会只练剑不练气，剑、气、人三者合一，才是真正高人。

教师的发展越往后走，"技"的作用越来越减弱，"心"的修炼越来越重要。这就是为什么强调专家型教师要不断地"通过'反思'与'研究'来学习"的道理。

很多教师已经深刻认识到在通往卓越的途中"反思"与"研究"的重要性，并能自觉地通过不断阅读，不断反思，不断研究，形成自己的话语体系。

这个阶段是走向卓越的关键期。如果能够静下心来兼收并蓄，不急于自立门派，也许真的有化茧成蝶的那一天。反之，也许终其一生只能停留在"技"的极致，无法抵达"花"的曼妙。

"即便高手也存有不足之处，即便低手也一定有高明处。大多数人不懂此

理，演员自己亦无所察觉。高手过于信赖自己的名声，缺点易被优点掩盖，对自己的不足之处毫无察觉。"（《风姿花传》）

确实是这样的。信赖自己的名声，这正是不少人取得进一步成就的障碍。尤其是少年或青年成名，过早被人称为"大师"，久而久之，也便真的以"大师"自居。"大师"往往不断地重复自己，觉察不到自己也是有"气门"的。

"无论多么低劣的演员，若有可取之处，高手亦应向其学习。这对提高自己极其重要。"（《风姿花传》）

"是故无贵无贱，无长无少，道之所存，师之所存也。"（《师说》）

"为什么看见你兄弟眼中有刺，却不想自己眼中有梁木呢？"《马太福音》

这些话语都值得深长思之。

学术自信是双刃剑，自信过头就是自恋。总以为老子武功天下第一，却不知别人正闻鸡起舞。也许有一天脑袋被人割掉了，脖子朝天，依然一副舍我其谁的模样。

过分的学术自信就是学术自缢。我辈同仁，理当自省。

第二辑　不一样的功底修炼

仓颉地下若有知，
当悔曾经造汉字

一、一黑板的错别字

某省某校招聘教师刚结束，一位评委忍不住给我打电话，叙述了让人啼笑皆非的一幕：

今天模拟上课，参加面试的老师（或代课老师），说的是《扁鹊治病》。面试对象整体素养良莠不齐，个别教学经验丰富，但大部分比较差。印象最深的一位本科毕业生，整黑板21个字竟错了4个，出现了两处明显知识性错误！我们拼命忍住才没笑出声来。

这位仁兄一上来，板书课题"扁鹊治病"。这四字不难写。这老兄倒好，第一个字就写错了。"扁鹊"的"扁"字，最后一个部件"艹"居然写成"井"，平白多出一横，越看越别扭。开始，我们还以为他紧张，一会儿也许会改过来，没想到第二次写"扁鹊"还是这么写，我瞬间石化！哈，这老兄不是紧张，是真不会写啊！

更让人哭笑不得的是，他竟然把"蔡桓公"写成了"齐桓公"，虽然从历史来说，确有两个齐桓公，扁鹊为之治病的"蔡桓公"姓田，叫田齐桓公，但从模拟上课的实际情况来看，这位教师显然不知道蔡桓公就是田齐桓公，他是完全搞错了。

更为奇葩的是"讳疾忌医"这个词语，读错一个音，写错两个字！"忌"字的上半部分，"自己"的"己"，写成了"已经"的"已"，真是哭笑不得！

听完朋友的讲述，我也哭笑不得。我想起了曾经参与过的面试场景。

最近几年教师入职面试者，也有出类拔萃的，但整体素养越来越不堪。读错字，写错字，已是家常便饭。

讲《为人民服务》，有个年轻人始终"张里德""张里德"说个不停……

有位面试者，"国"字里面一个"王"，考官让她自查，她说没有发现错误。还有考生抽到拼音教学内容，自己完全不懂声母韵母概念，更别说拼读规则了。考官出一个最简单的考题——找出黑板上的三个声母（即课题 gkh），她审视片刻后，非常抱歉地告诉考官，这个领域她不曾研究！

一些根本不该错的字，好多面试者却错得那样"顺理成章"。"兔"字没"眼睛"，"未"字写成"末"，"春"字下面是个"目"，春风"陈陈"吹呀吹，吹得黄"莺"变"乌"鸦……

粉笔字整体水平，更是不堪入目：乱石铺街，满目琳琅，螃蟹横爬，龙飞凤舞。

凡此种种，可以说是当下教师应聘队伍整体素养的缩影，准教师的入门标准越来越低（学历貌似越来越高，素养却是越来越差）。尤其要命的是这样的年轻人，将要教的是我们的母语，我们的汉字！

汉字，多么美丽的文字！余光中曾说："只要仓颉的灵感不灭，美丽的中文不老……一个方块字是一个天地"。印度前总理尼赫鲁也说过："每一个汉字，都是一幅美丽的画，一首优美的诗。"

呜呼！美丽、优雅的汉字，它的传承重任，竟然要交给这些错字连篇的年轻人！

仓颉地下若有知，当悔曾经造汉字！

二、问题究竟出在哪里

出现这样让人堪忧与痛心的现状，原因究竟何在？

从大环境来说，教师工资偏低，"教师平均工资收入水平不低于当地公务员平均工资收入水平"的政策执行不力、不均，使教师实际社会地位整体偏低，导致越来越多优秀高中毕业生不愿意报考师范院校。近几年的教师招聘，多地出现招聘岗位缺口，加之家校关系越来越尖锐，各级各类部门名目繁多的检查压得教师们喘不过气来。要求高到天，待遇难确保（不然，为什么那么多地方发生教师集体讨薪事件？），导致越来越多年轻人不愿意当教师。成绩优秀者首选"211""985"；选择师范院校的学生，大多成绩不够理想，无奈之下选择当教师。当然少数有教育情怀，愿意当老师的优秀学生除外。如此背景下，考教师编制群体的整体文化素养越来越低，就不难找到原因了。

再从中观来说，电脑与智能手机普及，快餐阅读及电脑办公、写作，成为人们主要的工作学习方式，纸质阅读和纸笔书写渐渐远离了日常生活。不少人甚至半年未曾拿过笔，提笔忘字已是司空见惯。

再小到语文教学这一微观层面。长期以来的识字教学，缺失了字理和字源的追溯，机械的记忆识字成为识字教学的主要方式。其实很多字，只要把字源搞懂，就不会出错。比如，前文提到的"扁鹊"的"扁"，这是个会意字，从户，从册，上边是个"户"，下边是"册"的变体。本义是"在门户上题字"。只要记住"册"的写法，就不会错写成"井"了。当然，字理识字也得把握度，否则，就人为地把汉字搞复杂了。这是题外话，打住。

教师成为最光荣的职业有多远？

教师肩负着教书育人的天职。一旦文化素养如此之差的年轻人大批量成为教师，这个民族的未来真的让人忧心。"以己昏昏"，焉能"使人昭昭"？这些错别字连篇的年轻人很可能成为您孩子的语文老师！

这不是危言耸听，而已成为不争事实。因岗位吸引力低，有些地方各科考试成绩不满60分的考生，竟然轻易拿到了教师资格证！他们正在"兢兢业业"地"毁"人不倦！可能"毁"掉的是整个中国的基础教育，也是民族未来的核心竞争力！

要避免或减少出现前文所述尴尬一幕，关键的关键还是要国家和地方政府认真落实"教师平均工资收入水平不低于当地公务员平均工资收入水平"这一政策。

华为总裁任正非说:"这个时代对一个国家来说,重心是要发展教育,而且主要是基础教育,特别是农村的基础教育。没有良好的基础教育,就难有有作为的基础研究。给农村教师多发一点钱,让优秀人才愿意去当教师,优秀的孩子愿意进入师范学校……教师待遇低,孩子们看见知识多也挣不到多少钱,所以也不怎么想读书……应该要把基础教育提到国家的最高纲领,才能迎接未来的革命……如果我们投资教育,二三十年后这些穷孩子就是博士,开始冲锋,国家就会走向更加繁荣。中国是一个人口大国,如果变成人才大国,我们与别人的竞争才更加有信心。因此,小学教师应该得到更多的尊重。当然,今天教师待遇已经比过去好很多了,但还要让教师成为最光荣的职业,国家未来才有希望,才能在世界竞技中获得成功。"

不得不佩服任正非的远见与卓识。当地政府一定要克服急功近利的"任期目标",要有长远的战略眼光,把教育作为头号"民生工程"来实施。上级政府部门对地方政府的考核,要把对教育投入的力度以及老百姓对教育的满意度当作对政府官员考核的第一指标。唯有如此,教师待遇才能逐渐回升,教师地位才能真正提升,报考教师的优秀毕业生才会越来越多。否则,光讲情怀,光灌鸡汤,光为教师亮灯,是吸引不到更优秀的人当教师的。教师是人,必须先有人该有的尊严。

此外,在全面落实教师待遇的前提下,应加大教师的职前上岗培训力度,让真正适合当教师的人成为合格的人民教师,让不适合当教师的人离开教师队伍,这也至关重要。

这点,新加坡做得非常到位——

新加坡没有师范类大学,只有国立教育学院负责教师的入职前培训和在职继续教育。国立教育学院不招生,教师由国家教育部招聘后送到国立教育学院培训。具体流程是:先由大学毕业生自行向教育部提出申请。申请的大学毕业生经教育部考核筛选后,成为"合约教师"被派到学校实习,一般为六个月。这半年的"实习"既让他们体验当教师的艰辛,审视自己的从教动机和衡量自己从教的适应程度,也让学校全面深入地了解他们的具体表现。

实习之后,根据学校的评价意见和本人的意愿,与教育部签订合约,再被派到国立教育学院参加为期一年到一年半的教师带薪职前培训（月薪 3000 新币左右）。培训结束时，由国立教育学院再进行全面考核。考核通过取得相应学位者与教育部签订 3 年服务合约，如果不履行 3 年合约的话，要交 4.8 万新币的违约金。根据教育部的说法，违约金是由以下几部分组成：学费 2 万新币，所有住宿费，培训期间发给的津贴，报销了的买电脑的费用……一句话，他们曾经给了多少钱，照原样还给他们就是。违约金的偿还额度随年份递减，每履行一年合约义务，就减去三分之一违约金。考核未通过者不仅失去了走上教师岗位的机会，还需退还已经领取的工资。

在新加坡，合约教师或者刚参加工作的新教师，一般只承担三分之二左右的教学工作量，因为他们需要更多的时间学习如何成为一名好教师。

——转引自薛岩强《新加坡教师成长路径及启示》

三、路在何方

虽然国情不同，体制不同，但新加坡教师的入职门槛设定和职前培训的政策，值得我国教育、人事部门学习、借鉴。

从中观层面来说，要呼吁与倡导全民阅读，号召大家多读经典作品，多读纸质书籍，适度减少刷屏阅读，呼唤纸笔书写适度回归生活。尤其是高中生和大学生，应减少用电脑的频次，多增加纸笔书写的机会，并在义务教育阶段开设书法课，让汉字书写经常流泻在笔端。如此，"提笔忘字"的概率就会大大降低。

再从微观层面来说，广大语文老师要不断研究如何科学识字。师范院校要开设汉语和文字学专业，要作为文科生的必考科目。教师要适当阅读文字学，懂得基础汉语文化。在识字教学的过程中，根据年段适当渗透字理，把富有规律性的构字知识教给学生，让学生从小掌握构字规律，从源头上减少错别字。

概而言之，我国教育的整个现状，可能是一个中期的"蔡桓公"。要想"药到病除"，"蔡桓公"必须正视自身问题，而不是讳疾忌医。当从宏观、中观、微观同步入手，三管齐下，"扁鹊"才能成为真正的"扁鹊"，"蔡桓公"也才能药到病除。

共情力：
家校沟通新思维

（一）

Z 老师是班主任龄 27 年的资深班主任。

这天，Z 老师的搭档——数学老师——工作才三年的 W 教师，收到家长的一条微信：

> W 老师，我是 WBY 同学的妈妈。昨天，我到教室接孩子，无意中看到您的登分表，我发现孩子在班级里总体成绩还不错，但和最优秀的孩子相比还差一段距离。希望您找机会和我家宝贝谈一下，让他知道在班级中的排名。请老师多关注我儿子。（WBY 妈妈）

W 老师不知道怎么回应这位家长的微信。

登分表是记录孩子平时学习情况，只有老师才能看的东西。现在，WBY 妈妈不但看了成绩，还希望老师将班级排名告诉孩子，并希望多关注孩子。

从一个妈妈的立场分析，家长的要求并不过分。但作为一个老师，若真按 WBY 妈妈的说法，把"排名"告诉孩子，并承诺多关注孩子，显然违反了学校的规定，也违反了基本原则。

怎么办？

W 老师打电话求助 Z 老师。

Z 老师首先告诉小 W，这是小事，但也不能随便应对，我们得遵守规则，不卑不亢，既让家长觉得老师一直关注她孩子，又不会对她的孩子特殊化对待。

Z 老师很快编了一条微信给 W 老师，并嘱咐：就回这一条。家长后面回复什么，你都不要再回应。

WBY 妈妈，这件事怪我，按道理我不应该把这个登分表随意地放在教室里。无论是老师还是家长，都应该保护好孩子的个人隐私，我以后一定会放好。

我登记平时的作业情况、考试情况，是为了了解每个孩子的学习情况。在学校里，我的评价标准，学生的学习情况，其实每个孩子自己心里都非常清楚，包括 WBY。对他的作业我肯定会提出要求的，他自己也清楚很多次因为书写粗心没有拿到黄星，这些我都和孩子私下聊过。

为了保护每个孩子的隐私，每个孩子只能知道自己的学习情况，其他孩子的成绩是不会在班级里公开的。所以我会提醒 WBY 注意个人问题，他在班级的排名位置是不应该告诉他的。

我也知道你们非常重视孩子的学习，在学校里我对每一个孩子的学习都很关注的。

谢谢您的理解支持！

第二天，Z 老师问小 W 老师，家长说了些什么？

小 W 回答，家长说了声："谢谢老师，辛苦了，我们理解！"

Z 老师笑了："哈，和我预料的一样。"

（二）

Z 老师编的微信藏着很多玄妙。不得不佩服，姜是老的辣！

首先，婉转批评，不露痕迹。老师表面上说自己粗心大意不该丢三落四，实际上暗示家长，登分表只是老师用来记录孩子的学习情况，家长是不该看的，这叫以退为进。

其次，坚守规则，决不让步。作为老师是坚决不可把"排名"告诉孩子的，这是对所有孩子的尊重。规则是千万不可随意更改的，今天你随意改变规则，明天家长就可能让你退让三步。

第三，指出不足，提出建议。在这条微信中，老师并不是在打太极，而是真诚地指出孩子存在的问题。"对他的作业我肯定会提出要求的，他自己也清楚很多次因为书写粗心没有拿到黄星，这些我都和孩子私下聊过。"让家长明白孩子存在的主要问题，更让家长明白，老师对自己的孩子是特别关注的，且和孩子的交流是"私下的"。

第四，一视同仁，面向全体。明确告诉家长：老师不会因为您特别要求，就对您的孩子特别关照，而是一视同仁。

第五，要言不烦，点到为止。Z老师特别交代W老师，只回这一条。其实，这是有深意的，老师把原则性的话都说清楚了，我的态度就在这里了，家长就不要再提什么不合理的要求了。干脆，利索。

Z老师回应家长的这则微信，堪称经典，展示了一个成熟的班主任老师应有的风范，有礼有节，不卑不亢，智慧而圆融。

更为重要的是，这样的回应把规则置于至高无上的地位。

（三）

事实上，在现实教育教学生活中，班主任因没有建立良好的规则而在班级管理中处处被动的例子，不胜枚举。

不说别的，就拿微信群来说吧。本是家校交流平台的微信群，常常成为定时炸弹，家长之间、教师和家长之间常常为一些小事，搞得一地鸡毛。如果应对得当，也许能化险为夷；若应对不当，小事可酿成大祸。

毫不夸张地说，微信群已经成为家校关系恶化的导火索和催化剂。

如何用规则去管理微信群？全国著名班主任田冰冰老师（现为杭州市春晖小学校长），给出这样的好建议——

先立规矩：今天的"管"是为了明天更好的"理"。

时段要求：为不影响所有家庭休息，21:30—7:30（次日），包括老师在内所有人均不在群里发布信息。

方式要求：为了避免信息造成理解偏差，家长和老师之间、家长和家长之间的对话，要加"@×××"，以便对话不混淆。

内容要求：提倡正能量的契合群内成员的信息发布，欢迎分享阅读到的家庭教育信息，欢迎分享学生在家的良好表现。

涉及国家政治及其他传言的信息，不得转发到本群；

广告、拉票不得转发到本群。

不利于班级团结的话不说。

个性化的学生需求或意见建议，可以私信沟通。

田冰冰校长还提出了"三要三忌"的自律原则：

（1）引导信息，要坚持思想引领；

（2）互动信息，要注意话语分寸；

（3）通知信息，要尽可能言简意赅；

（4）忌泄私愤式的抱怨；

（5）忌有损教师形象的对话；

（6）忌有始无终的盲目要求。

对微信群的管理，Z老师也有自己的独门秘笈。

她的班级建有一个微信群，叫"老师说，家长不回应"——你没看错，就是这个群名。

霸气侧漏！

Z老师为什么要起这个群名？这个群主要用来干什么？

带着好奇心，我问Z老师。

Z老师告诉我："建家长群的主要目的是老师在群里发布作业，便于家长第一时间知晓；有重要的事情及时通报；班级里孩子们表现出色及时肯定；一些重要的图片和视频信息随时存档。"

"班级群，不是给家长聊天用的。"Z老师补充了一句。

那么，这个群规执行得怎么样呢？

"开始，偶尔有家长忘记，我都一一在群里提醒：此群，家长不必回复。主要考虑大家工作忙，万一有重要信息，家长刷屏会误事。家长都特别理解，现在一直执行得很好。这个群一直静悄悄。我们从来没有因为微信群回复，导致家校关系紧张，家长也很支持我的工作。"

"有无特殊情况，需要家长回复呢？"我继续追问。

"有！比如，开学初，我需要几个家长来帮我清理教室。在群里发起征集，不到半分钟，三名家长就主动报名。我们的家长很支持我的工作。"

（四）

无论是田冰冰校长，还是资深班主任 Z 老师，为什么能比较好地管理微信群？

因为，她们始终把家长当朋友，站在提高家长工作效率，站在共同教育好子女的角度来思考问题，这是良好的家校关系的前提。有了这样的前提，教师和家长就能相互理解，相互支持。教师提出的有些看似不合理的规则，也能很快得到家长的理解、配合与支持。

设身处地替他人着想，很快与对方产生共鸣的能力，叫共情力。在当下，共情力是非常重要的一种能力。这种共情力，在家校沟通中越来越显示出它的重要性。

一个优秀的班主任，首先要有良好的共情力。教师有了共情力，就会设身处地站在家长角度去思考问题。

一个优秀的家长，也要有良好的共情力。有共情力的家长会全力支持教师的工作，支持教师就是支持孩子。

家长的支持会让教师更加热爱孩子，这是和谐家校关系的基础。拥有和谐的家校关系，教师才有可能获得职业幸福感，家长才有可能放心地把孩子交给教师，自己也能拥有幸福感。

反之，家校关系紧张，天天如履薄冰，每天都是煎熬，幸福感从何而来？

这种共情力落实到行动上，就是尊重彼此，遵守规则，相互成全——这是处理家校关系的黄金法则，也是共赢新思维。

对教师来说，一味妥协、迁就家长，可能破坏规则，处处被动；指手画脚，颐指气使，可能会让家长反感、抵触。教师和家长要在相互尊重的基础上建立合理规则，用规则处理家校关系，这是良好家校关系的必然之路。

对家长来说，站在自己的立场去要求教师改变规则，或者动不动就兴师动众向上级举报，短时间来说，可能孩子获得了"好处"，会逼得教师不得不放弃某些原则。但从长远看，规则的破坏会殃及全体，最后导致整个班级管理风气不正，教师也因此冷心。这种自私行为，最终害的是自己的孩子。

总体上看，大部分家长是有规则意识的，也是有一定的共情力的，关键看教师的引导和坚持。

当然，也有特殊情况。有时候我们用心建立规则，用心引导，有些家长就是不守规则。作为班主任还是得按照规则办事，不可示弱。

敬畏规则，用心坚持，答案不在风中飘。

大树般立于课堂中央

我 QQ 里收到一位不陌生朋友的留言。

看课，是门学问！

有些看课的人，与上课者三观相近。你的言行，他能理解内在的深意；甚至于你尚未透露过的意思，他都能拓展延伸到更高的层次。这样的人，看透了你的课堂，可做知己！

有的人，看不透你的意图，却知道你是"名师"，颇有见地，信任着你的水平，尝试着理解你的深意。这样认同性理解的人，可做粉丝！

记得北京某一次观摩活动，某一位名师课堂结束后，一位听课者没有理解授课意图，不具备超前的教育理念，没有欣赏出课堂的高度，甚至在公众场合说一道二。看台下的我，替这位名师悲哀；而这位名师，笑而不语。

人常说，树欲静而风不止。人们常常重视外界环境对教师发展的作用，却常常忽略——风雨虽至，大树岿然不动！

授课的人，要如大树般立于课堂中央。

读到这段文字的刹那，我油然而生敬意，甚至莫名感动。

能有这样的识见，真不简单！不，不仅仅是识见，更是一种境界——思想的境界，为师的境界。

"授课的人，要如大树般立于课堂中央"，这是一种信念，更是一种姿态。

是树，就要扎根，深深地把根扎向大地。大地是我们的课堂，是师生生命栖居的地方。把根扎在大地上，从课堂汲取生长的养分，应该是一个教师生命最好的模样。

教师唯有把课堂当作大地，才能从自己的课堂汲取源源不断的养分。养分，不是外界提供的，而是自我获取的。提供养分的人不是别人，恰恰是学生和教师自己。我们耕耘课堂，就是制造养分。课堂的每一个环节，每一个细节，每一种表情，每一次呼吸，都能为大树生长提供营养。

生长着的大树，应该善于从课堂的每个环节，每个细节，每种表情，每次呼吸中汲取养分。生长着的大树，应该向着阳光，扎根大地，静静生长。不骄不躁，不弃不馁，从岁月中获取无穷无尽的给养。

"授课的人，要如大树般立于课堂中央"，这是一种自信，更是一种情怀。

教师是大树，学生是小树。大树立于中央，让小树有奋斗的榜样；大树立于中央，为小树风遮雨挡；大树立于中央，也给小树留下空间自由生长。秋去冬来，大树凋零，零落成泥，泥土芬芳，脚下的土地更为肥沃。春暖花开，小树生长。

大树生长着，小树生长着。这便是森林最好的模样。

"授课的人，要如大树般立于课堂中央"，这是一种坚守，更是一种担当。

树的使命不仅在于扎根，更要对抗风的肆虐、雨的冲刷、雷的劈打。

是大树，就要坚定地站立。只要认定站的地方是正确的，站的姿势是正确的，就要永恒地站着，无论西南风还是东北风，我自岿然不动。是大树，就要坚定地站立。只要认定脚下的土地是肥沃的，身旁的幼苗是值得呵护的，就要永恒地站着，无论电闪雷鸣还是乌云压顶，我自风雨无阻。是大树，就要坚定地站立。只要认定风雨必定过去，阳光必定穿透云层，就要永恒地站立着，莫听穿林打叶声，一蓑烟雨任平生。是大树，就要站立。把信念站成信仰，把坚守站成担当。

撕掉的，
不仅仅是学生的作文

（一）

我在几个微信群和 QQ 群里，看到了一位家长痛心无奈的求助。

孩子的作文，屡次被老师无情地撕掉了！

问孩子，老师为什么撕掉作文？孩子只是哭，什么话也不肯说。

家长把孩子的作文小心地拼贴起来，拍照发在群里，咨询这位老师撕作文的原因可能是什么。

我认真地看了孩子的作文（对不起，恕我不愿也不敢把孩子的作文贴出来，我怕造成对孩子的二次伤害，也不想让大家去人肉这位老师，这也许又是对这位老师的伤害），应当说，孩子的作文其实是挺不错的。

作文聊天吧里，几位群友发表了他们的看法。

看完了学生的习作和大家的讨论，我的心情既沉重，又欣慰。

沉重的是，一篇文从字顺且没有什么重大价值观问题的作文被老师这样无情地撕掉了。

欣慰的是，毕竟大部分老师，对作文，对儿童，对教育，有着正确的认识。

（二）

抛开这篇作文本身不谈，老师撕作文的行为，实在是不妥。

三四年级的写作属于学步阶段，文字或者认识上有问题很正常，即便是有些语言过激惹毛了老师，老师也不能情绪化地撕作文。

唯一的可能是这孩子平时屡屡犯错，加之老师这天心情不好，一怒之下，作文遭殃！

这位老师在撕作文的时候，恰恰忘记了自己的身份！咱是老师，作文是老师让孩子写的，老师撕掉的不仅仅是孩子的作文，撕掉的可能是孩子的自尊和对作文的热爱。

老师不经意间的一个举动，可能从此让孩子畏惧写作、害怕语文乃至畏惧学习、畏惧学校。

（三）

曾经读过一个印象深刻的绘本故事《点》。

其实，每个人都是曾经的瓦斯蒂。学习有困难的孩子就是一个又一个鲜活的瓦斯蒂。瓦斯蒂最需要的是老师的鼓励、呵护、信任与激赏。

故事中，瓦斯蒂的老师没有过多地教她绘画技法，而是用夸张而又艺术的方式激发她内在的创造动力，在一次又一次巧妙的鼓励中，唤醒她潜藏的创造天赋。

每个人都有表达的本能、创造的本能，尤其是儿童。未入学之前，无论是口头的叽叽咕咕，还是纸上的信手涂鸦，常常展现出惊人的想象力、创造力。正如毕加索所说："我 14 岁就能画得和拉斐尔一样好，之后我用一生去学习像小孩一样画画。"

作为语文老师，我们要千方百计呵护儿童这份与生俱来的创造力，千方百计地激活儿童的表达本能，帮助孩子发展自己的创意天赋。

但是开头提及的这位教师，以极端的方式撕掉学生的作文，这对一个人的成长来说，无疑是一瓢冷水，一份打击，是对儿童小小心灵的巨大伤害。

作文写不好，或许正需要老师的宽容与鼓励。苏霍姆林斯基曾说："宽容引起的道德震动，比惩罚更强烈"。

没错，也许你会说，是人都有情绪，老师的情绪也需要被宽容。这话也对。

但无论如何，作为教师的我们，无论何时何地都要想着自己的工作本职是"育人"。工作一天，便要坚守职业操守一天；工作一秒，就得坚守职业操守一秒。这是做人做事的基本底线。

重庆公交车之所以坠江，关键问题出在司机的职业素养上，司机没有控制好自己的情绪，导致整车人命丧黄泉。

同样的道理，控制好自己的情绪，不把负面情绪带给更多无辜的儿童，也是教师基本的职业操守。

学生的作文哪怕再不堪入目，老师也不能一撕了之。学生可以不懂事，老师不能比学生更不懂事。

不懂事的老师，撕掉的不只是本子，更是职业的尊严。

（四）

比撕掉职业尊严更可怕的，可能是由此产生的"蝴蝶效应"——直接导致班级言语生态的恶化。

老师下意识的举动给孩子一个赤裸裸的暗示：今后，你们写文章，都要看老师的脸色行事。一旦惹毛老师，没有好果子吃！

这样做的后果将导致孩子们不敢在作文中说真话、抒真情，而是罔顾左右而言他。

这是多么的吊诡！我们一边极力倡导让孩子们"写真话、抒真情"，一边简单粗暴地处理孩子们作文当中可能出格的问题。不得不说，这是个冷笑话。

冷得我笑不出声音来。

怪不得韩寒说，中国人说谎，是从小学生写作文开始的！

（五）

话说回来，如果学生作文当中真的出现了价值观严重扭曲或者语言的暴力，做老师的也不能坐视不管。

孩子的作文出了价值观问题，可能有两种情况：

一是故意这么写着玩。之前网络盛传的《二十年后回故乡》，孩子在作文中把自己的小学老师，变成了"捡垃圾"的人。未必这孩子就不尊敬老师，也许，他只是写着玩而已。

二是思想认识不到位。受家庭或者社会影响，有些孩子的思想认识确实出现了偏差，或者严重地背离基本价值观，更严重的可能脏话、黑话连篇。

对于前者，我们完全可以一笑了之。这只不过是孩子顽皮的恶作剧。哪个孩子没有过恶作剧？有时候不管，就是最好的"管"。

对于后者，则需要老师与孩子认真沟通、及时点拨，而不是以撕作文这样的极端方式对其惩罚或发泄怒火。

还有一种值得警惕的现象，那就是教师为了鼓励孩子说真话，故意激发孩子心中的"恶"与"痞"，导致全班学生以写"疯话""痞话"为荣。

这是另一种职业道德的失守。

让"小蜜蜂"
飞到该飞的地方

曾发起一个关于"小蜜蜂"（佩戴式小型扩音器）的网络问卷，得到了不少教师朋友回应。

收到有效样本 1185 个，参与调查的主要是小学老师，1—3 年级和 4—6 年级人数很接近，也有少数初中老师，其中语文老师居多。

现就目前收集到的数据和留言，谈几点我的思考。

一、基本数据分析

（1）有多少教师用过小蜜蜂？

据统计，在 1185 个调查样本中，"从来不用"的占 33.5%，其余"长期用""经常用""偶尔用""极少用"的加起来占 66.5%。这是一个相当高的比例。三分之二的教师用过"小蜜蜂"，三分之一的教师是长期或经常用。

（2）用"小蜜蜂"的原因有哪些？

"课时多，嗓子长期疲劳"占 79.5%，是老师用"小蜜蜂"的主要原因。

使用"小蜜蜂"的第二大原因是"班级人数多，

不用'小蜜蜂'后排孩子听不见",占52.8%。目前,虽然各地都在倡导小班化,但不少县级、地级和少数省会城市学校依然有不少班级超过60人,多者甚至达到100多人!

此外,"低年级学生习惯没养成,用嗓过度""发音不科学,用嗓受损""环境嘈杂,不用'小蜜蜂'学生听不见"分别占42.13%、34.55%、32.15%。

"发音不科学,用嗓受损"这个选项可能相对保守,大部分老师没有意识到自己用嗓有问题。

（3）用"小蜜蜂"是否影响孩子的听力?

关于"是否影响孩子听力",42.8%的老师认为"有一定影响",24.47%的老师认为"不受影响",20.54%的老师认为"视情况而定",还有12.19%的老师认为"没有考虑过"。

有群友这样认为:

我用。因大班额,又因教书三十年,咽喉损耗严重。(从容战刀)

一年级时,第一学期,我们年级9个班,语数老师全部用"小蜜蜂"上课。到了第二个学期,只剩三个班的老师在用了。(千叶一心)

我们学校100多名教师,用"小蜜蜂"的六七个,大多是一年级语文教师。(一墨)

以下为基本不用或者反对用的声音:

我从来不用,但曾买来备着,外出活动时用,结果没用上。(做梦的安琪儿)

我从来不用,觉得对学生耳朵不好。(木山木水)

普通课堂上"小蜜蜂"的出现让课堂失去了随性和率真的魅力。(樊子矜)

我从不失声,不用;用,就失真了!(晓之以章)

总觉得用"小蜜蜂"伤学生耳膜,不好。(成群结队)

我不喜欢用,感觉发出的声音不是自己的,而且我们班额不大,声音没多大问题。(一苗)

（4）你是否支持老师用"小蜜蜂"？

可能被调查的都是老师，在问及"是否在意孩子的老师用'小蜜蜂'"的时候，50.96%的教师（兼家长）表示"理解并尊重老师的选择"，26.1%的教师（兼家长）表示"尽量不要用"，22.94%的教师（兼家长）表示"一切视实际情况而定"。我想，"理解并尊重老师的选择"这一选项，请家长或学生来选，可能就没有那么高了。

我请河北一位老师在她的70人班级群里做调查。回应的孩子有23人。21人"喜欢教师的原声"，2人表示"可以接受"。这个比例有点悬殊，也许更真实。

（5）"科学用嗓"培训，是否感兴趣？

有63.44%的教师"很希望听到这个讲座"，有27.16%的老师表示"听听也可以"，有9.4%的老师不太相信"科学用嗓"，认为"无所谓""没有什么帮助"。

可见，大部分教师希望借助正确发音方法，减少嗓子受损。

二、问题讨论

"用嗓不当"or"用嗓过度"？

从调查来看，大部分教师认为用"小蜜蜂"，主要还是受"班额过大""环境嘈杂""课务过重""学生习惯未养成"等因素影响。

我们基本上都在用，小学老师太辛苦。语文、英语老师用得多，不用的话，嗓子根本受不了。去年新学期开学，我还给每位老师发了一个。不过不是"小蜜蜂"，比"小蜜蜂"效果好，也是扩音器。

尤其是低年级时训练学生行为规范、整队、带学生社会实践、排练节目、开运动会、进行文艺汇演、组织跳蚤市场……如果没有"小蜜蜂"，干吼……谁用谁知道。（麦兜，一名武汉校长）

也有朋友表示：

　　　　　　　　　　　第二辑　不一样的功底修炼

我个人不赞同"小蜜蜂"的使用。如果课堂上以静制动，其实会比用扩音器效果好。用更大的声音去压制孩子的声音，有时反而起到反效果。而有时不动声色地安静凝视，却有一种神奇的力量。（杨婷）

我女儿学校的校长，面对将近1000个孩子和家长，竟然没有用话筒来讲话，而是不停地跟孩子说：现在我用8度声音你们可以听到吗？5度呢？结果校长就用了比平常讲话稍微大一点的声音在礼堂讲话，我竟然在礼堂后面都可以听得清清楚楚。

我的教室里注重向同伴学习，时常需要记录《学习日志》，特别注意培养聆听与记录。因为需要记录，孩子就特别用心，所以声音小一点都不会听不清楚。（特级教师李祖文）

在我的朋友圈还有一位资深教研员，这样留言："我曾经在150人的阶梯教室讲课连续17天，嗓子没有哑。"

也有普通话教师告诉我，她也曾创下连续半个月高强度用嗓，嗓子没有哑的纪录。

那么用"小蜜蜂"，究竟是外部客观因素导致，还是用嗓不科学导致？

事实上，靠"卖嗓子"吃饭的教师，谁愿意把嗓子讲坏掉？但一周近20节课，加上各种各样的杂事，即便金嗓子也会变嘶哑，这是教师的"职业病"所致。如果可以不用，哪个教师愿意戴个"小蜜蜂"，听自己都难受的声音？

外部因素，是客观存在。

另一方面，最主要的可能是长期缺乏正确的发音方法训练导致的——事实上，只有少数音乐家和专门受过训练的人才懂得正确用嗓。

还有比"用嗓不当"更为糟糕的是缺乏正确的教育理念。长期以来，不少教师总认为孩子不听话时，教师大声说话就能镇住他们。事实上大声说话所起到的管理效果，往往不如降低声音说话。这一点，日本的佐藤学和我国台北的李玉贵、安徽的看云等老师，都反复在他们的作品中提及。日常生活中我们也有相同的体验，降低声音说话，听话的人往往更专注，听的效果会更好。

三、保护教师嗓子的几点建议

（1）政府层面。

政府要逐步实现均衡办学，减少优秀教师集中在个别牛校、牛班的现象，从源头上杜绝学额爆棚。人数少了，教室小了，教师就可以用比较轻的声音说话。

（2）学校层面。

适当减少起始年级班主任和语、数、英等学科教师的周课时总数（每周减少一两节完全可以），避免一年级教师过度用嗓。如果做不到减少课时，条件允许的可以给一些有需要的教师配备音质比较好的小音箱。

（3）家长层面。

家长动不动对孩子厉声呵斥，孩子自然会浮躁易怒。家有"河东狮吼"，教师被迫与之对吼。反之，家长对孩子说话轻柔，孩子大抵也安静、文雅，教师的嗓子就不需要这么累了。

（4）自身层面。

最关键在于教师自身：

①学习科学用嗓，改变不良用嗓习惯。教师可以找相关的专业书籍对照自学，最好由教育行政部门组织全体教师系统培训。师范院校以及师训部门，要把教师"科学用嗓"课程当作必修课（而不是点缀）加以落实。

②改变教育理念，打造润泽教室。很多时候，我们总是习惯于提高嗓门来压制学生，而不是用降低声音去感染学生。只有教师的心安静了，声音轻柔了，儿童的耳朵才会变得更加灵敏。反之，嗓门越大，噪音越多，教室就越浮躁，正像群友"芊芊"说的："教师轻轻地讲，学生反而会静下心来倾听。"

③改进教学方法，减少教师过度用嗓。语文老师常常兼任班主任，且语文老师讲课的时间比数学老师多。数学课上孩子们的活动多，而语文课大部分时间是老师和孩子们在对话，嗓子用得多就会累。

因此，语文老师（也包括其他老师），要尽可能多设计学生学习活动，让孩子多读、多说、多写，教师的活动尽可能减少，这样用嗓时间减少了，嗓子嘶哑的可能性就会降低。教学效率提高了，教师的嗓子也好了，可谓一举两得。

④学会正确喝水，善待自己的嗓子。特级教师高子阳老师从一位老相声演员那里获得喝水"真经"：表演（上课）前，要先用水润嗓，长时间说话之前喝适量的温开水。表演（上课）中，短暂休息时最好不要喝水，因为声带长时间持续振动发声就好像烧红的钢板，如果突然淋水"淬火"会导致钢板变硬。喉是人的发声器官，人发声的主要部位是声带，长时间这样给水，声带也会变硬、变坏，导致咽喉疾病，而一旦发病，极难根治。如果表演（上课）中有较长的休息时间（如休息 20 分钟以上），自己感觉到声带非常自然了，可以慢慢地喝几口。表演（上课）结束后也不要立即喝水，应让声带稍微休息，让其恢复到自然状态，不再高频率地使用声带后，慢慢地一口一口喝。

同时注意，冷水与特别热的水不宜饮用。一年四季坚持喝温水，患慢性咽炎的概率会大大下降；亦可多喝菊花茶、银耳汤、胖大海等利嗓的饮品。

以上四点建议，供广大教师朋友参考。

也期待着各方一起关注教师嗓子，从细节做起，关注教师的职场痛点，让"小蜜蜂"飞到它该飞的地方，让每一位教师的嗓子恢复本该有的清亮，让课堂更加本真、更具魅力。

班级微信公众号经营的四条黄金原则

近年来，班级微信公众号如雨后春笋般冒出来。经营得好的公众号让人眼前一亮，成为班级的一张靓丽名片。但也有些微信公众号，由于定位不准缺乏特色，或经营不善形同虚设，更有因管理不当而事故频发的。

那么，怎样才能经营好班级微信公众号，发挥其最佳效应并规避风险呢？

总结我多年经营微信公众号的经验，试着向各位教师提出班级微信公众号经营的四条黄金原则。

一、定位精准

定位很重要。只有定位精准，公众号才能发挥其作用，否则就会脚踩西瓜皮。比如，语文教师兼班主任开一个公众号，如下的定位可能是比较合适的。

1. 学生习作展示平台

公众号以发布学生的精彩习作为主打，让公众号成为电子版的作文小报。

有了微信公众号，班级作文周报基本上就可以停刊了。公众号辐射力更强，编辑时间更短，更新频度更高，而且可以音频、视频、图片、文字多元呈现，永久保存。微信公众号做得好，还可以吸引杂志编辑直接在公众号里采编稿件，让孩子们的习作更多、更快地变成铅字。

2. 个人才艺展现舞台

公众号不仅仅发布作文，还可以成为个人才艺展现的舞台。书法、绘画、朗诵、演讲，乃至最佳作业，都可以发布。还可以录制一段舞蹈，表演一个小品，吟诵一首诗歌……学生、家长、老师，都可以在这里秀一下自己的才艺。

3. 学习资源集散之地

公众号还应该是学习资源的集散地。学习一篇课文之前，老师可以转载丰富的学习资源供学生参考。尤其是综合性学习，可以通过广泛的搜索，寻找有价值的背景资料，拓展学生视野。

4. 班级形象宣传窗口

公众号是班级的名片。班级里举行的有意思的活动或各类喜讯，可以图文并茂地全方位呈现。公众号是网络时代班级宣传的最佳宣传阵地。

5. 家校沟通的有效通道

公众号还应该是家校沟通的有效通道。教师把班级公约、班级愿景乃至班级的倡议，通过公众号发出来，使之成为共识。同时，班主任可以把家庭教育的相关优质文章和好书信息分享给家长，这就是网上家长学校。公众号里还可以开展亲子共读等丰富多彩的比赛，通过展示相关图文，营造浓郁的家庭学习文化。

当然，一个公众号不能面面俱到，可以有所侧重，选择其中的1~2个定位即可。

二、管理规范

公众号管理至关重要。具体来说，以下几点非常关键。

1. 编辑团队稳定

公众号的编辑要耗去大量的时间和心力。教师工作很忙，切不可把大量时间花在微信公众号上。公众号的编辑只能利用业余时间来做，切不可在工作时间做，否则喧宾夺主。

教师要发动有热情、有奉献精神、相对有时间的家长一起来管理，可以找若干名家长担任管理员，要么3个要么7个（每人每周轮两天或者一天，时间固定），建立微信志愿者团队，大家相互轮流，相互提建议。志愿者要相对稳定，微信的风格也要相对统一，这样便于形成班级公众号整体风格。

2. 投稿流程清晰

稿子的来源大部分是学生，编辑团队要建立一个公共邮箱，让学生把图文发送到邮箱里，编辑人员到邮箱里下载、编辑即可。要形成简单、便捷的投稿、采编通道。

3. 发布时间固定

另外，发布时间固定也很重要。可以定时发送，这样便于养成孩子们的阅读习惯。班级微信公众号一般建议晚上八点钟左右发送，因为这个时间段的孩子大部分完成了作业，有时间阅读图文信息，家长也一样。

4. 经费使用透明

公众号经营一定时间后，会开通打赏功能。班主任可以充分发挥这个功能，把打赏直接作为稿费奖励给孩子们。单篇文章的奖励，建议不要100%直接奖励给孩子，可以90%奖励给孩子，10%留作班会费。如果嫌计算麻烦，直接全部奖励给孩子也可。倘若孩子们能享受到真金白银，稿费也成了写作的一大动力！

三、面向全体

每个家长都在乎自己的孩子。因此，公众号切忌出现少数孩子独霸的局面，其实后进的孩子更需要鼓励。优秀的孩子，你不扬鞭他也自奋蹄，我们要把更多机会给中等或后进的孩子。要知道，野百合也有春天啊！

1. 团队照片，多发

发布图文，尤其是照片，要多发集体照，少发单独的照片。

2. 不同层次，共荣

要争取每学期让每个孩子在照片或者事迹（文章）中出现一次。有时候要故意制造机会，让后进生成为"羡慕嫉妒恨"的对象。这样会刺激不同层面的孩子们。当然物极必反，切忌无原则，否则家长会产生不必要的负面联想，也会挫伤优等生的积极性，要把握适当的度。

3. 树立典型，谨慎

在班级里树立典型要谨慎。树一个典型，有可能就是打击一批人。即便树典型也需要合适的时机，当孩子取得了重大的成绩或者重大进步，才能让人心服口服。

四、规避风险

微信公众号经营的过程就是伴随风险的过程，稍有不慎就会一地鸡毛，甚至成为定时炸弹，因此要格外谨慎。

1. 敏感话题，坚决不发

各类敏感的话题是微信公众号的大忌。万不能因为一时心直口快说一些不该说的话，导致公众号被封，这是最悲催的事。说的全真话，真话不说全，这是公众号经营的基本准则。

2. 精选留言，掌握尺度

管理员后台精选留言也是学问。微信留言是读者和作者互动的绝佳路径，但并不是所有的留言都适合精选。一般来说，多精选鼓励孩子的话语，少精选批评的话语，坚决不精选谩骂或者讽刺的话语。有些留言者可能不是班级里的家长，可能会说些冷嘲热讽的话。这些话如果孩子看到了，会产生不良的情绪反应。我们也不能因为孩子敏感就把所有的商榷、探讨的话语隐去，精选留言的唯一原则，是看是否真诚，是否对学生有利。

3. 灰暗事件，隐去姓名

班级里发生的一些不愉快的事件，涉及一些孩子不太光彩的一面，为了弘扬正气，我们要隐去名字。对这类文章（无论是老师写的还是孩子写的）一定要匿名，且不给家长对号入座的可能性。如果你把孩子的真名写上去了，家长很可能会比较在意，这是人之常情。大庭广众之下，谁愿意把不光彩的一面展示给大家呢？

4. 所有照片，家长授权

光彩的事情、正能量的事情要多发，但也要充分征求家长的意见。如果家长不同意发某张照片，那么最好不发。一旦家长懊恼，告你侵犯肖像权就糟了。尤其是在西方国家，家长在这方面是很在意的。中国家长的肖像权意识也逐渐增强，有些照片可以采取打马赛克。场景真实，身份模糊，即可。

5. 账目开支，清清楚楚

微信打赏涉及金钱，账目管理一定要清楚，要在家长管理员那里进行登记。发给学生的金额最好截屏，还要在群里说明一下。

以上就是我所能想到的班级经营微信公众号的黄金原则，也可能是白银，或者废铁，全看您怎么看、怎么用了。

"拯救男孩",
不应停留在口号上

　　这是我在观摩杭州市朝晖实验小学"说男孩"主题论坛后的发言。几年过去了,男孩教育,不但没有引起足够的重视,男孩女性化的倾向似乎越来越普遍,越来越严重。因此,将这个发言整理出来,希望更多的学校、教师、家长以及相关部门引起高度重视。

——题记

一、对活动的印象

　　(1)论题小中见大。今天的论题很小——"说男孩",是学校和家庭教育中很小的一个切口,但意义重大。梁启超在一个世纪前,就认识到"少年强则国强,少年独立则国独立……少年胜于欧洲则国胜于欧洲,少年雄于地球则国雄于地球"。一代少年如果没有阳刚之气,我们民族的未来岌岌可危。所以,今天的论题具有非常重大的意义。

　　(2)活动推进有序。整个论坛不是为了活动而活动,而是一系列活动中的一个点。朝晖实验小学的"男孩节"是一个系统工程，暑期就开始了"挑战21天""寻找男子汉形象"等热身活动，而今天的论坛，是为11月份将要启动的"男孩节"所做的一次集思广益和小范围动员，是为后面活动开展得更好所做的一次智慧的准备。

（3）观点精彩纷呈。台上的7位男家长表现得非常出色，我用12个字归纳：中气足，音色好，见闻广，素养高。我的笔记本电脑里记录着很多精彩的发言与行动建议："爸爸的缺席，是男孩教育缺失的一大原因""媒体的不负责任，影响了男孩子的生存价值取向""通过广泛的阅读，让孩子自己去认识什么是男子汉；在旅途中，磨炼男子汉意志""男子汉教育，要因人而异，要有侧重，要有针对性，突出责任性，真正的男子汉是普普通通的""到军营参观，从小见识什么是真正的男子汉""什么是男子汉，女人说了算""每天和名人在一起，心胸就会博大""爱心，责任心，包容心，这是'三心牌'新好男人的标准"。家长们的发言多么精彩！

对这个活动，我有这样一些小建议：

（1）男孩、女孩可以来到现场，加入讨论。可以邀请几个男孩子，让他们现场说说自己是不是个男子汉，将来可以怎么做。也可以邀请一些女孩子来问问，20年后，她们愿意选择什么样的男人做丈夫（笑），这样会更有意思。高年级班主任回去之后，也可以组织"20年后，我要选择怎样的男人做老公"的讨论。女孩子的加入会让男孩子表现更出色。你看今天第一排坐的全部是女家长，所以台上的男家长们，个个表现得特别有男子汉气质（笑）。

（2）这个论坛参与的都是男家长，可能学校意识到了男家长在男子汉教育中的重要作用。个人认为女家长的影响也是很大的，如果邀请一两位女家长参与会更好。

（3）这么高质量的论坛，应该邀请更多的家长参加。大概是考虑到场地有限，所以只来了极少数家长，我建议学校将光盘刻录后，交给男孩子们的爸爸妈妈看。最好父母一起看，看完后写点认识，和孩子一起制订一个"男子汉成长计划"，相信这样的计划和父母的参与对男孩子的成长更有帮助。

二、对观点的回应

1. 关于"外修还是内修"

有家长对于男子汉教育注重身体强健和内心强大哪个更重要产生了分歧。我认为在男孩子成长教育的过程中，内外要兼修。法国思想家蒙田曾经说过："只是锻炼他们的心灵，还不够，还应该锻炼他们的肌肉。精神如果没有肌肉的支撑，会难以胜任。"我的观点是男孩教育的过程中要"以外强内，内外兼修"。外养是前提，是基础；内养是提升，是灵魂。

2. 关于"娱乐节目的负面影响"

有家长提到很多娱乐节目树立了不少脆弱的、动不动就流泪的男孩子形象，不少中性的明星形象也会误导孩子们混淆性别取向。为了不让孩子学坏，家长们采取不让孩子看电视或某些综艺节目的极端做法。

在这个娱乐至死的年代，的确有很多电视台为了吸引眼球，为了收视率，不考虑媒体正面的导向。但是这类家长可能忘记了儿童的逆反心理，很多大人禁止做的事情，孩子们往往有很大的好奇心。我认为堵不若疏。其实娱乐节目中也有不少正能量的元素，需要家长智慧地引导。比如，《中国达人秀》中的无臂钢琴师刘伟的励志故事，用好了，不也可以作为男子汉教育的好素材？

为儿童量身制作的电视节目，尤其是承担教育重任的《开学第一课》等公益节目，一定要对出场的嘉宾精挑细选。看上去性别模糊——甚至男孩女性化严重的明星，应该谨慎邀请。传播率这么高的节目所传递的价值观，对孩子们起着潜移默化的作用，大量邀请装扮缺失男子汉气质的明星，是一种不负责任的行为。

3. 关于"男教师缺席的问题"

这一点有家长隐隐约约提到，但没有展开。我认为男教师缺席是当前男孩子教育缺失最为致命的因素，原因不展开细说。从大环境上来说，要大幅度提升教师的待遇，提高到真正的公务员待遇，让更多优秀的男人加入教师队伍，只有这样，我们教师队伍中优秀的男人才会越来越多。前年，我参加了下城区教师节表彰会，108 名新教师中只有 1 名是男的，这很值得我们深思。

4. 谈一点生理发育上的原因

建议男孩女孩采取错龄入学的政策。从发育规律来说，女孩子成熟要普遍早于男孩子。因此在小学阶段女孩的学业普遍优于男孩，让男孩有一种不如女孩的弱势心理。建议国家采取错龄入学的办法，女孩子 6 周岁入学，男孩子可以逐步推迟 1 年入学。也许会出现大学毕业后人才衔接的问题，这不要紧，慢慢过渡。如果采取这样的入学政策，男孩子会觉得自己是大哥哥，会在平时的生活和学习中主动承担任务和照顾他人，在女同学面前表现出男子汉的气概。从生理发育的角度来说，这样更适合男孩子的成长。

三、对行动的建议

1. 对家长的建议

首先，男孩的父亲要成为真正的男子汉。榜样的作用是无穷的，男孩教育最好的办法就是爸爸做给孩子看。一个父亲自己不男人，不要指望着孩子很男人。因此，我特别想对爸爸们说：你就是你孩子最好的榜样。男子汉教育要从自己成为一个真正的男子汉开始。

其次，母亲要对儿子狠心，对老公要慈心（笑）。法国一位思想家在四百年前就说过："天然的慈爱，会让母亲变得过于心慈手软。不忍心孩子受热挨冻，看不得孩子骑在烈马上，看不得孩子手持花剑……"确实，现在的妈妈们普遍太娇宠孩子了。孩子摔疼了，感冒了，遇到挫折了，这些都是孩子成长必经之路，可妈妈们宠得不得了，见不得孩子受到一丝伤害。我想对各位妈妈说：你今天对儿子不狠心，将来会有女人对你儿子狠心（笑）。有些妈妈更过分的是让老公独守空房（笑），却陪儿子睡。儿子是谁？别人将来的老公（大笑）。所以，我呼吁，女家长要回到老公的身边，对老公要慈心一点，适当地示弱，不要太强势。今天你老公不 man，明天你的儿子也成为不了很 man 的老公。

2. 对学校的建议

对于男子汉的教育，学校要持续关注，而不是风过了无痕。除了学校开展一系列有意思的活动，家庭也要发挥重要作用，要在实实在在的日常生活中磨砺男孩的心性。在此基础上还要发挥阅读的潜移默化的教化作用。刚才好几位老师、家长讲到暑期里让孩子们到书籍和影视作品中去搜索男子汉的形象，这是很好的方法。但我发现孩子们过于关注中国的影视作品和书籍，我们其实可以把视野稍稍拓展一下，男子汉是无国界的。

另外，我还特别建议学校为男孩子编写一本男孩子诗歌读本，选一些有男子汉气质的诗句，让孩子们在大声地诵读中"养浩然之气"。比如这些诗句：

君不见黄河之水天上来，奔流到海不复回。

但使龙城飞将在，不教胡马度阴山。

一生大笑能几回，斗酒相逢须醉倒。

孩子们一遍又一遍地读着这样豪气的诗句，男子汉的豪情由内心浩荡升起。这也许又是一条培养男孩子的路径吧。

"拯救男孩"，不能只停留在口号上！

第三辑

不一样的
进阶之路

"无我"与"有我"：
向民国大师学教书

（一）

"课的最高境界是无课"——王崧舟先生如是说。

我以为这样的境界，在当前的公开课上只能是一种理想追寻。这样的境界，也只有在二十世纪上叶的一些大师的家常课上才能领略与寻觅。这种"人课合一"的境界，如冯友兰所说，已经达到了人生的第四重境界——"天地境界"。这样的境界其实是一种"无我"与"有我"交融的境界。

我以为要想达到这样的境界，首先要适度"无我"。

刘铁芳教授在《三种歌星与教师的三种境界》一文中，分别分析了张国荣、刘欢、王菲的唱歌风格，然后他指出：

"……如果站在听者听歌的角度而言，则王菲当更胜一筹，张第二，刘第三。为什么？因为听者是听歌，对于听者而言，最重要的当然是听你的歌，接受你歌曲的感染，而不是，或者说首先不是听你这个人，接受你这个人，当你这个人过多地占据了听者的心，听者就无法更多地、更纯粹地接纳你的歌，感受你的歌，你的人已经先入为主。"

接下来，刘教授分析了三种教师的特征，他指出："一种教师显然就是在教学中自己的光芒盖过了学生，课堂成了教师表演的天堂……；还有一种，就是让学生动起来，却看不见教师过多自我的痕迹，课堂行云流水，都是学生的云与水，而不是教师自身的流水。"

刘铁芳教授的观点，我深以为然。公开课里教师太靠前，"我"便太突出，"你"便后退了。我们的课堂，教师要适度地忘记自己，让自己往后退，把学生往前推，这是应有之义。教师在课堂上要做一个"报春使者"，要做到"俏也不争春，只把春来报"，教师不需要把自己打扮得花枝招展星光四射，否则学生很有可能灰头土脸黯然失色。

我们说教师要适当"忘我"，但并非始终"忘我"，而要追求"忘我"与"有我"的融合——教师要在"忘我"的课堂上凸显"有我"的风格。

语文即我，我即语文。教师不仅是平等中的首席，不仅是教材的主人，不仅是合作者，更应是丰富的课程资源，是课程资源自然而恣意的流淌，这就需要我们的教师多储备多积累。这样的教师在讲台上一站，随便说一句话、用一个典，便蕴含着丰富的文化底蕴，洋溢着文化个性。一个表情、一个手势，便是儒雅的学者风范，黑板上的每一个字、随口吟出的一句诗，都能呈现出中国文化的神韵。

这样的教师从不刻意追求一节课的行云流水，从不去精心打造一个环节的美轮美奂，他们的举手投足就是丰富课程资源的天然流淌。这样的课堂往往没有跌宕起伏和妙趣横生，我们看到的是学生在学习的"场"中的感悟、沉思、浸染、玩索与体验，是课程文化与学生心灵共鸣的默契与交融，而老师则是这种"场"——课程文化氛围的营造者。

这就是大师级的"无我"与"有我"相融的课。

（二）

重读商友敬先生编的《过去的老师》，过去的不少语文老师就达到了这种"忘我"与"有我"交融的境界。当然，这样的课更多的是家常课。

西南联大相当多的教授是从旧时代走出来的知识分子，他们的人生曲折艰辛，因此他们在灾难面前从容优雅、处变不惊，他们的板书、教案和评语中的蝇头小楷，无不体现出中国书法的神韵。他们对中国古代典籍旁征博引，甚至于他们对古玩书画的鉴赏、对古今中外名人掌故的熟悉、课堂语言中天然流淌出的文化蕴藉……无不是大师级水平，他们的课是典型的"忘我"而"有我"的课。

汪曾祺先生师从文学大师沈从文。他在《沈从文先生在西南联大》一文中有关于沈先生教书的精彩描摹。沈从文显然不是一个优秀的语文课堂艺术表演者，"沈先生的讲课，可以说毫无系统""沈先生不长于讲课，而善于谈天"。

沈从文的课不具备艺术性和观赏性，但是学生却颇为受用。"沈先生教写作，写的比说的多，他常常在学生的作业后面写很长的读后感，有时还会比原文长。这些读后感，有时评析文本得失，有时也从这篇习作说开去，谈及有关创作问题，见解精到，文笔讲究。""沈先生教学生创作，还有一种方法，我以为是行之有效的。学生写了一部作品，他除了写很长的读后感之外，还会介绍你看一些与这个作品写法相近的中外名家的作品。""学生习作写得较好的，沈先生就做主寄到相熟的报刊上发表，这对学生是个很大的鼓励。"

从汪曾祺的文字里，我们可以感受到沈从文的大师风范。他给学生写读后感，给学生推荐优秀作品，千方百计让学生的作品发表，其唯一的目的就是促进学生的成长。也许他不是最有感染力的"课堂达人"，但他却影响了一代又一代的文学爱好者和作家。沈从文是"无我"的，也是"有我"的。

谢冕先生在《无尽的感激》一文中提到对自己影响最深的语文老师是余钟藩先生。余先生是一位对中国文化和中国文学造诣很深的学者。在文中他叙述了老师给他们讲《论语·侍坐章》的情景：

"点，尔何如？"

鼓瑟希，铿尔，舍瑟而作，对曰："异乎三子者之撰。"

子曰："何伤乎？亦各言其志也！"

曰："暮春者，春服既成，冠者五六人，童子六七人，浴乎沂，风乎舞雩，咏而归。"

夫子喟然叹曰："吾与点也！"

……记得他读上引这段文字时，用的是福建方言传统的吟诵的方法，那迂缓的节奏，那悠长的韵味，那难以言说的高中的情调，再加上余先生沉醉其中的状态，都成了我生命记忆中的一道抹之不去的风景。尽管有余先生细致的讲解，当年只有十五六岁的我，仍然无法理解当时年届七十的孔子喟然而叹的深意，却依稀感到了他落寞之中的洒脱。当年听讲《侍坐章》的印象就这样伴着我走过人生的长途，滋养着我的灵魂，磨砺着我的性情。

谢冕先生之所以有今天的成就，或许得益于他青少年时代遇上了这样的大师。"把学校里所学的全部忘掉，就是教育"。大师所能给予学生的，也许就是人格的熏陶，精神的砥砺。这种"忘我"投入，在"忘我"中追求"有我"的老师们，其一言一行无不彰显着自己的不俗品性。

这也许是为师的最高境界吧。

（三）

金克木先生在《国文教员》一文中，向我们介绍了他小学时的国文教员。

金先生的国文教员肯定不是名师，先生甚至连老师的名字都记不起了。但老师的朴素教法和卓然风采，金先生却记忆犹新。

一个普普通通的小学语文教员，为何博得大学问家金先生如此的敬重？

我们来看看这位老师都做了些什么。归纳起来，很简单：

一是自编教材供学生学习；二是让学生大量背诵名篇；三是适度精当地讲解。除此，这位老师好像没有做过什么惊天动地的事情。让我们引录金先生的原文片段，走进最朴素的语文课堂：

他的教法很简单，不逐字逐句讲解，认为学生能自己懂的都不讲，只提问，试试懂不懂。先听学生朗读课文，他纠正或提问。轮流读，他插在中间讲解难点。课文读完了，第二天就要背诵。一个个站起来背，他站在旁边听。背不下去就站着。另一人从头再背。教科书可以不背，油印课文非背不可。文长，还没轮流完就下课。文短，背得好，背完了，一堂课还有时间，他就发挥几句，或短或长，仿佛随意谈话。一听摇铃，不论讲完话没有，立即下课。

这样的课堂，可谓简单之极。没有精心设计的开讲，没有精妙绝伦的导语，没有起承转合跌宕起伏，甚至连时间都无法控制，颇有点信马由缰的意味。

但是简单的背后，是极其的不简单。

第一，老师的眼光和识见。在大家都倡导用白话文教学的年代，一个国文老师能大量地选编课本以外的文言文，且"这些文后来都进入了中国大学的读本"，是颇需胆识和学识的。设若这位老师没有深厚的古文功底和学养，是难以从浩如烟海的古籍中选出这么精彩的文章来的。

第二，老师非常重视背诵积累。毫无疑问，这位国文老师是从私塾里出来的，他秉承了私塾国文教育的菁华，牢牢牵住了语文学习的牛鼻子——背诵。在《国文教员》这篇文章中，金先生多次提及他的老师是如何严格要求学生背诵的，背成为了语文学习最最重要的童子功。

第三，最让人钦佩的是老师的精当讲解。对"孟轲"的"轲"字的解释，对《病梅馆记》中涉及的文学流派的介绍，对古诗词中不同句子中出现的"寒"字的比较，以及对《鸿门宴》中"立"字的深入剖析，是那样精妙绝伦。这位国文教员能不讲的坚决不讲，若要讲，则讲在学生不懂处，讲在言语规律处，讲在文章章法处。在此过程中，教给学生语言的规律，学习的方法，做人的道理。这几个教学片段大有"点石成金"的风范。

（四）

上述几位民国时期的教师，确实更多给人一种"无我"之感，但却处处"有我"。有"我"的深厚底蕴，有"我"的开阔视野，有"我"的远见卓识，有"我"的独特教法。这样的老师，不重外在技巧的娴熟，重视的是内在修炼的精深。

为师的修炼之道，归根结底是提升"我"、成就"你"。"我"长高了，"你"便可以站在"我"的肩膀上，眺望远处的风景。

否则，"我"永远只有那么高，哪怕浑身所有的表演细胞都动起来，高度在那里，"你"又能看见什么呢？

教师，要多读与专业无关的书

　　我有不少读书人朋友，他们一谈起书，便会眉飞色舞。冷玉斌、丁慈矿、王小庆、郭初阳等，都是饱学之士，我常常从他们那里获得诸多教益。

　　温岭老家的慕毅飞先生，也是个读书人。他曾担任温岭市教育局局长和温岭市宣传部副部长，以文才和口才名世，曾被评为中国杂文十大家之一。早在 20 年前，我曾参观过他的书房，彼时，就有近两万册藏书。而今，他专门有一套房子，用来放书。

　　我一直敬为"大先生"的傅国涌先生更是一个博学之士。在我看来，其民国言论史研究，国内无人出其右。他涉猎甚广，经济学、哲学、文学、教育学，都有深入的研究。近年来和傅国涌先生交往比较多，每每聆听其演讲和漫谈，阅读其作品，一再被其博学与深邃所折服，他是当代的思想家、教育家。傅国涌先生的挚友景凯旋先生，也是一个学问精深之人，曾在忠华兄的抱山书院得其赠书，他的思想深刻而迷人。

　　这些读书人，无不是杂家。

小庆兄曾不止一次跟我说，教师要少读一点专业书，多读一点杂书。小庆兄曾评过教育界很多语文教师朋友的课，王崧舟先生曾说，他的课评以小庆的最佳，我也有幸被小庆评过《穷人》一课。小庆评课，很少从教学设计或教学艺术层面去评，而是站在现象学、哲学的层面去评，故而他的评课每每给人以独出机杼的惊喜。小庆教英语，他对东西方哲学、诗歌、神话有很深的研究。

　　我曾去过傅国涌先生家。先生家里的每一个角落都放着书。毫不夸张地说，人是在书的空隙间挪动的。傅国涌先生告诉我，他读书有一个特别的方法，拿到一本书先看参考文献。如果参考文献里的作品大部分是看过的，那么这本书便不值得一看，翻几眼，大致知晓其水准；如果参考文献里的书，有不少是没看过的且层次较高，则这本书值得细读。傅国涌先生之所以能够如此快捷判断一本书，皆因他的博学。

　　不过话说回来，博并不等于浅，博跟专并不矛盾。小庆兄研究文学史，他会把能找到的各类文学史进行反复比较。当年他编写公民教育读本，更是把浙大图书馆能找到的公民教育的资料翻了个底朝天。傅国涌先生的民国史料，很多是通过各大图书馆或者档案馆朋友直接复印来的。

　　也因为博学，傅国涌先生才能"说"出很多本书。他的《少年日知录》《新学记》《史想录》等书，是先说，后被人整理出来的。他在疫情防控期间和孩子们日不间断地网上交流，每日五分钟，几乎张口就来，365天，天天坚持，于是有了后来的三卷《少年日知录》。他的"与世界对话"系列（第一辑：墙、门、窗），每一讲都涉及近百个（部）文本，令人叹为观止。傅国涌先生的课已经无法用教学艺术去衡量。其课堂思想密度与张力，足以让当世的大部分名师汗颜。傅国涌先生，当代语文教育大家！

　　一句话，教师要想真正有大成就，要多读书，读更多专业以外的书。如此，才能跳出学科看学科。否则，在象牙塔内打转转，容易被同质化，也容易被固化。语文界颇多同行，因固守一隅始终不愿打开自己，结果一辈子故步自封，始终自说自话，甚为可惜、可叹。

　　也许你会说，我一个一线小老师，忙得脚不沾地，把书本捧牢已经很好了，哪有时间去读书？其实，恰恰说反了。越是忙，越要读书。多读书，很多

　　　　　　　　　第三辑　不一样的进阶之路

事情也许就用不着忙了。有越来越多的各种杂事让人静不下心来，这是事实。但想读书的人，即便把他的手脚捆住，也是能想办法创造条件读书的。

　　书，不是有没有时间读的问题，而是你想不想读的问题。

　　【相关书目推荐，详见微信公众号"祖庆说"《张祖庆：教师，要多读与专业无关的书（2021 杂书过眼录）》，2022-01-06】

教师如何成为写作者

曾在"行知写作研习营"QQ 群分享有关教师如何写作的话题。委托主持人向群里的老师征集了一些问题，我围绕着大家的问题做一些回应。

问题 1：张老师是如何踏上写作之旅的？有没有关键事件？

先来说说我的写作史吧。

我的写作生涯经历了四个阶段，约 20 年时间。1999 年前，我的专业写作还没有起步。

（1）刀笔吏生涯。1999 年到 2004 年，我在温岭太平小学当教科室主任。这段时间我写的文章大部分是为学校而写，各种工作计划、总结、教代会报告等，自己的文章写得很少。

（2）论坛江湖。2004 年到 2006 年，是我在论坛上尽情折腾的一段时光。偶然闯入"人教论坛"，注册了一个名为"温岭祖庆"的马甲，开辟了专栏"沉淀每一天——温岭祖庆教学耕耘录"，几乎每天一篇文章。个人经历、班级故事、教学片段、课堂实录、教学思考、教学论文……什么都写，写着写着就积累了五十多万字。

就这样不断地写，不断地写，不经意间写出了我的第一本书《张祖庆讲语文》。某种意义上说是"人教论坛"催生了这本书。遇见论坛，也许是我写作史（其实也是专业生命史）的"关键事件"吧。

大概 2004 年底，我"转战"到"教育在线"，在"小学教育论坛"开辟专栏——"不是芦苇，无风也思索"。在这里结识了天南海北的朋友，我的视界逐渐敞亮。

（3）博客时代。2007 左右，论坛衰落，博客兴起，我把很多文字放在新浪博客"自在乾坤"里。博客是后花园，主人随意播种，客人随意来去，无需招待，自由观赏，来去两便，我蛮喜欢博客写作的状态。但后来博客也渐渐没落了，我的写作进入了第四阶段。

（4）微信公众号时代。时代的车轮滚滚向前，看到很多人玩起了微信公众号，2016 年 8 月 31 日，我和朋友周其星各自注册了一个微信公众号，我的号叫"祖庆说"。

不到三年时间，写了四百多篇原创文章。开始是不定期写，有话就写，无话不写。慢慢地粉丝多起来，从 3 万到 5 万，到 10 万，再到 15 万，感觉不少读者都有了期待，于是开始了日更。

日更确实不易。一开始一直一个人在做，后来几位一线教师看我实在太忙，主动提出帮我编辑，于是有了一个编辑团队。

不少朋友说我有毅力，与其说是用毅力在坚持，不如说是缘于喜欢的力量。现在常常觉得，如果让我不写文章，是对我的一种惩罚。

教育生活常常是一堆鸡毛蒜皮的小事，做着做着就会失去激情。开个公众号，写点好玩的文字，做点好玩的事情，让文字确证自己的存在，这就是我写作的初衷。

也许你会问，这个世界上已经有了那么多精神财富，为什么你还要写呢？你写这么多东西保证是精品吗？不是的，写作对个体的价值大过对众人的价值。写下来就是自己的，不论写得好不好，都是你曾经的精神财富，也是你未来的精神财富。就像《神奇飞书》中说的："每个人的故事都很重要"。

问题 2：我也想发表文章，可就是没内容可写，不知道写什么，怎么办？

问题 3：教师怎样结合课堂教学开始专业写作之旅？

关于写什么的问题，我想提炼成三个句子：

第一，写我所做，做我所写。选择你熟悉的，深入研究过的或者正在研究的领域来写。你怎么做就怎么写。最好选自己得心应手的领域来写，别人做得不多的地方往往容易出新。比如"电影写作课"和"非连续性文本"这两个领域很少有人研究，于是我就一篇接一篇地写，写出了特色。这就是"写我所做"。

当然，写的常常比做的好。因此，我们可以继续往前走，把写过的继续做好，这就是"做我所写"。

至于有老师提到怎么样结合自己的教学写点文字，我建议可以从教学中最有意思的片段开始写起。把场景写清楚，把细节还原出来，写点自己的反思。这类小短文一千至两千字，短平快，只要角度新颖，把问题谈透，编辑是喜欢用的。

有时候也可以把磨课的经过和感悟写下来。你磨课，课也磨你，你常常被折磨得死去活来，你的真切的感受都在磨课中。这样的表达是最鲜活的，也是别人愿意阅读的。

第二，写我所想，想我所写。还可以写写最近正在思考的。我们可以把最近想的话题列一个清单，一个一个话题往下写。写完放几天再想想：我写的真的很好地表达了我的观点了吗？我的文章逻辑性强吗？读者读我的文章，可能产生哪些疑问？这就是"想我所写"。

杭州卖鱼桥小学一位班主任老师批评了班级里的一位顽皮学生，心里一直忐忑不安。后来，她经过反复调查，发现自己冤枉了学生。她想到老师常常会武断地以为自己总是对的，并由此引发反思。后来，她把这件事写成了文章《偏见，是最伤人的傲慢》，发在我的公众号"祖庆说"，《中国教师报》的褚清源先生读到了，当即预约刊发。

这样的小故事，哪位班主任没有？一线教师多写写让你心心念念的故事，写写心头挥之不去的想法。这心心念念，这挥之不去，就有可能成为好文章。

只要留心观察，你就会发现写作的题材是源源不断的。成都人民北路小学的李兰老师，常常记录和女儿的聊天。一天，她忽然觉得和女儿的聊天也可以写成一篇很好的文章，于是有了《自行车上的"语文课"，温馨浪漫的亲子课》一文。此文，后来被《福建教育》录用。

第三，我写文章，文章写我。你在写文章，文章也在写你。你写下来的文章最终成就了你。你写下的每一个字就是你自己，你要对所写的文章负责任。

年轻教师不要一开始就写论文。要多记录和学生之间的故事，哪怕是很小很小的一个点，都可以记下来。还可以写点随笔，读书或观影后很有感触，形成了某个观点，就可以围绕这个观点写一些新的思考，把自身、他人的观点整合在一起，就成了一篇像样的教育（观影）随笔。写到一定的程度，你就可以写篇像模像样的论文了。

哪个负责任的老师不是一身故事？写你最熟悉的故事，这也许是教师写作的捷径。

问题 4：教师如何发表？如何提高投稿的命中率？哪一类文章更容易发表？是论文？还是教学故事？

2004 年前，我的投稿是空白状态。参加工作 15 年，我没有发表过一篇文章。我想对老师们说，投稿这件事不要急，写作是一个累积的过程。写着写着会找到窍门，越写越好。坚持写，才会写。当然要想让自己的文章发表，除了稿子质量高和勤投稿之外，也有一些小窍门。

首先，研究杂志的风格非常重要。有的杂志喜欢刊登案例，你去投很严肃的论文，肯定不会发表。反过来，有些杂志（如《语文教学通讯》）学术性比较强，一般发论文和课堂实录比较多，你投一些比较小的案例，就比较难发表。《小学教学》这份杂志发案例、教学赏析、随笔比较多。《小学语文教学》经常有主题征文，你可以关注，有适合自己的可以写一写。《小学语文教师》比较综合，文本解读、教学叙事、教学实录、小论文都可以发表。有些杂志有话题讨论，如果你对某个话题感兴趣，可以邀上两三位志同道合的同行，围绕感兴趣的或是正在研究的专题写一组文章。只要你的文章有价值，就可能被录用。

其次，一定要注意进度。一般来说，投稿要遵循"提前四个月"原则。对稿件要求质量高的杂志，一般都是三审制（一审、二审、终审），从投稿到出版要有四个月的周期。对名师的教学实录的评析也要关注时间节点。一般有关秋冬两季（下半年）课文的文章要在上半年投稿，有关春夏两季（上半年）课文的文章要在下半年投稿。

第三，格式要规范。文章的标题，姓名，单位，摘要，正文，参考文献，都要规范。尤其是参考文献，很多人搞不懂，这个很致命。编者常常一看文献就知道是菜鸟，这样的文章采用概率很低。文章末尾要有这些基本信息：姓名、邮寄地址、邮箱、联系电话，以及银卡卡号和开户行信息，尤其是电话号码很重要。有时候编辑看到你的稿子，内容不错，希望你加急修改一下，你却只有一个邮箱地址没有电话。等你打开邮箱，就错过了编辑联系你的时间。

第四，主动结识一些编辑。客观地说，大部分编辑是以质量来选稿的。你的稿子质量高，一般是会被编辑发现的。但如果编辑认识你，知道你写稿不错，有时急需一些特别的稿子，他们也许会主动问你有没有这方面的文章。怎么认识编辑？关注征文启事，可以按照联系方式给编辑留言，提前沟通，一来二去就熟了。

质量是王道。投稿之前尽可能找几个朋友对你的稿子提提意见，反复修改。著名特级教师钱正权先生，退休多年，笔耕不辍。他生前常常把写好的文章发给我们年轻教师，征求我们的意见。每个人都要对自己的文字负责，保证出手就是精品，至少从自己的角度看是最好的。

第五，关于写稿还有一些小技巧，这里一并提一下。

一是取一个让人眼前一亮的好题目。题好文一半，好的题目往往一下子能抓住人的眼睛。

下面两个题目，大家喜欢哪个呢？

（1）《表扬与批评》；

（2）《教育中 1% 的过错，常常抵消 99% 的努力》。

几乎所有人都会喜欢第二个。第一个题目大白话，抓不住眼球。第二个让人眼前一亮，看题目就想读文章。

这是成都抚琴小学李欣老师的一篇文章，讲的是小时候受到老师的无端批评，留下心理阴影，进而引发关于对表扬和批评的思考。这篇文章语言平实，阐释到位，被一家报纸录用了。

再比如，我写了一篇爆文《学生天天在过节，哪有时间去读书》，两天内阅读量达 20 万，题目起着至关重要的作用。

二是写稿的时候，不要动不动引用其他人的话，尽可能用自己的话深入浅出地阐述。千万不要为了显示博学，把一大堆别人的话拿来装潢门面。尤其是那些耳熟能详的话，少引为妙。

三是多用短句子写作。杂志面向的是大众读者，要心里装着读者，让读者读得明白。切不可掉书袋，更不要半吊子，用云里雾里的文白相间的话来写。要把句子写得简洁，多用短句。"恳挚""通达"（张中行语）永远是好文章的基本条件。

问题 5：如何克服惰性，持续不断地写下去？有什么方法？

关于写作，我们先来看看作家们是怎么说的吧。

有岛武郎：为欲望而写作。

卡夫卡：在可怕的不眠的夜里，我意识到自己单独监禁的处境，不得不写作。

E·B·怀特：写作是一种秘密恶习，就像自我虐待。

史铁生：为不自杀写作。

蒋方舟：为虚荣写作。

迟子建：为风云变幻各异的命运而写作。

余华：为展现高尚而写作。

冯唐：为消除肿胀写作。

不同的作家，写作的出发点是各不相同的。

那么，我写作为的是什么？我为什么能够持续不断地写下去？

坦率地说，我觉得写作就是为了满足言说的本能欲望。

嘴巴不只是用来吃饭，更是用来说话的，表达是人的言语本能。只不过有的人喜欢嘴巴不停地说，有的人则喜欢用笔说话。用笔说话，就是写作。

江苏作家毕飞宇在《写满字的空间是美丽的》一文中，深情地回忆自己少年时代随意涂鸦的快乐，他说："一个人不管多大岁数，从事什么工作，都有表达的愿望。"

表达是人存在的方式。人本质上是孤独的，孤独的人需要通过不同的方式来确证自己的存在。

说话，是一种存在；写作，也是一种存在。

写作，有时还是一种自我救赎。

司马迁被处极刑，在写作中获得救赎；蒲松龄科场失意，在写作中获得宽慰；曹雪芹家道中落，在写作中再现繁华；高尔泰远走他乡，在写作中驱走孤独……

写作，就是在心灵的最深处与更好的自己相遇。

写作，是心灵的舞蹈；写作，为生命存档！

用文字创建自己的精神档案。世界上还有比这个更有价值的事吗？

我是凡人，无意也无能立德立功立言，只想真实地活着。这世界的不朽之文，汗牛充栋；文化巨匠，星汉灿烂。我的文字只是我活着我思索的证明。

写作，用文字留下生命的断章。写作的意义在于满足表达的本能，还在于垂垂老矣之时，也许我们可以在自己的文字中确证生命的历程。至于精彩与否，浅薄与否，喜欢就好，与他人无关。

也许你会说，这些大道理我都懂，但就是无法坚持。这个好办——开一个公众号（美篇/简书），促使自己不断地写。这样的写作既为自己留下生命的档案，又可以把所思所想与他人分享。这样的写作因为受到关注而充满激情，这样的写作不是折磨，而是甜蜜的小确幸。

问题 6：张老师，据我观察，现在的一线教师知道写作重要，但喜欢写作或者说经常写作的不多，你怎么看？

对这个问题，我想做这样几点回应：

第一，一线教师工作确实太忙，常常忙到怀疑人生。

第二，知道和做到的距离不是脑袋和键盘的距离，而是两个星球的距离。知道重要却不动笔，于是慢慢地以忙碌为借口原谅了自己，人是最愿意原谅自己的动物。

第三，要想改变不能靠意志，不能靠冲动，不能靠激动。靠什么？习惯！习惯！习惯！

第四，习惯怎么养成？四个字：天天坚持！每天写五百字。一个月一万五千字，一年十七万字！每天五百字，难不？一点都不难！只要愿意坚持，什么地方都是写作的最好地方，什么时候都是写作的最佳时刻。客厅里、书房里、高铁上、飞机上……甚至拿着手机都可以随时随地写作。"行知写作营"的几位学员，以前一篇文章都没有发表过。认识我之后，我逼他们每个月必须交两篇文章给我。逼着逼着，不到一年时间就发表了四五篇文章，现在不写作，反而难受。这就是坚持的力量，习惯的力量！

问题 7：您写了多少书，未来有什么样的写作计划？

说来惭愧，我写得不少，但是出版的寥寥无几，和管建刚等勤于写作的朋友相比，只有零头。

2008 年出版了《张祖庆讲语文》，2011 年出版《小学生萧红读本》，2016 年出版《非连续性文本教学与测评》，2018 年出版《光影中的创意写作》

《童年不可错过的文学课》《中国民间童谣》。

2019 至 2022 年，是我的创作高峰期，演讲录《从课堂到课程——教师专业成长 12 讲》、《名家名篇里的写作密码》（三卷）、《刚好遇见》（散文集）、《卓越教师修炼手册》（暂名）及"名家笔下的中国老城市丛书"（20 多卷，总主编）等会相继出版（还有一些，恕我暂时保密）。至于未来我会写多少书，我也不知道，一切水到渠成，瓜熟蒂落。

至于有人说，述而不作是最高的境界，我敬佩有这样境界的人。但不能说每个人都得"述而不作"，如果都这样的话，这个世界上将会少多少巍峨的文化高峰。

哈，别误会。我永远创作不了什么"高峰"。我辈写作只是用文字记录行走中或深或浅的脚印，如此而已。如果自己的小书，一不小心被他人读到便是惊喜。

问题 8：如何看待教师阅读和写作的关系？

我们先来看两段很有意思的话——

教师周遭面对的是坚硬的现实，它常常让我们无奈地发现理念的虚幻乃至虚妄，它总是轻易地击穿各种以理想的名义刻意炮制的光环和泡沫。

——李政涛《重建教师的精神宇宙》

是不是每个人都知道，在每个孩子内心，都存在一个宇宙呢？它以无限的广度和深度而存在着。大人们往往被孩子小小的外形蒙蔽，忘却了一个广阔的宇宙。大人们急于让小小的孩子长大，以至于歪曲了孩子内心的广阔宇宙，甚至把它破坏得无法复原。

——河合隼雄《孩子的宇宙》

每当我读到这样一些文字，内心就会产生震荡。是啊，每个人内心都是一个广袤的宇宙，辽阔、深邃，让人敬畏又脆弱无比。教师的内心也是一个精神宇宙，要想开发儿童的精神宇宙，教师首先要开发自己的精神宇宙。

那么，怎样去开发自己的精神宇宙呢？

第一，通过大量阅读丰盈自己的精神世界；第二，通过写作创造属于自己的精神世界。

一本书就是一扇窗。通过一本书，我们看见窗外的世界。通过阅读，我们的精神也逐渐得以丰盈。写作是一种高级的精神活动，精神丰盈、内心细腻敏感的人，会有更多的话想表达。从这个意义上来说，广泛阅读会让人产生不吐不快的表达冲动，这是保持写作激情的重要方法。

再一个，阅读优秀的作品就是和高人对话。阅读，不仅能丰盈自己的精神世界，还可以学到作者的表达技巧。现在，我写作多喜欢用短句，就是向汪曾祺、孙犁等人学的。多阅读，是提高写作水平的重要法门。

为了更好地完成写作，有时候我们会主动系统地阅读更多的书。这种任务驱动下的"为写而读"，让阅读和写作联系得更紧密。这样的阅读也往往更高效。

一句话：多读不一定成为写作高手；要想成为写作高手，非多读书不可！

至于读什么，怎么读，这不是这个主题所能回答的。

　　　　　　　　　　　　第三辑　不一样的进阶之路

有一种忙，
叫"公开课忙"

某日，读到前辈白金声先生的一篇文章《白金声：裸课·素课·家常课》，读罢，颇有共鸣。遂想起多年前我写的那篇引发热议的《裸课，不仅仅是勇气》。

在一次教学观摩活动中，我上了一节未经试教的课。当天，我将上课心得发于微信，点赞者甚众。然而，真正触动我思考的留言，来自一位律师朋友：

"公开课，本来就不应该试教。我从没听说过哪位律师开庭，需要'预演'。"

朋友的话，让我愣了好几秒钟！

一直以来，公开课试教，仿佛天经地义。一次次备课，一遍遍试教，一回回推倒，一番番重来，折腾不止，筋疲力尽。最夸张的，当数那些参加"国赛"的选手们，一旦有幸被选中，就会走上磨课的"不归路"。日里磨课，夜里梦课，死去活来，活来死去。于是乎，听课者最终看到一节万花筒般精致的课——动画美轮美奂、音乐荡气回肠、语言气势如虹。置身其中，恍若观赏一场艺术表演，让人目不暇接。

且慢喝彩！

长期以来，对公开课的评价，大多注重其"教学艺术"而忽略其"教学效率"。一节花了一年时间准备的"精品课"，其示范的价值究竟在哪里！

观摩公开课的终极意义，在于学习先进的教学理念，改造常态课堂。然而，这种近乎"变异"的公开课所呈现的教学理念，对日常教学又有多少指导意义？

从这一点而言，我更欣赏那位律师朋友的观点——公开课，要向律师开庭学习——不预演、不雕琢，真实地呈现过程。这样的课堂，精彩值得借鉴，问题值得反思。这样的课堂，才接近真实，因为一线教师的常态课堂，哪来那么多时间准备？因此，我认为，这种不经过反复试教的课，才真正值得深入研讨。这样的课，虽不完美，但是有研讨价值。

我曾在不同的场合问过于永正、支玉恒、贾志敏等几位前辈名师：您的课经过几次试教？

答案是——第一遍，不试教；后来，边上边改进。

不试教，是不是不备课？不是的，反而对备课提出了更高的要求。

于永正老师备课，把"工夫"花在"功夫"上——反复练板书、练朗读、练批注；支玉恒老师备课，读一遍，就把课文反扣过来，捕捉文本的第一印象，根据文本特点设计教学；贾志敏老师备课，几乎小学课文的所有名篇，都能熟读成诵。

这些前辈名师是真正"用一辈子备课"。他们，把功夫下在了课堂以外——文本细读的功夫、板书的功夫、朗读的功夫、背诵的功夫、点拨的功夫。他们把学生的学习放在首位，以成就学生的精彩为己任。

也许是受他们的影响，不知从哪天起，我给自己下了个死命令——今后，我的任何第一次亮相的公开课，不再试教。朋友们戏称，我开启了"裸课"模式。

每次上课前，我都会用心地研读文本，思考教学方案，并对各种可能进行充分的预判；进入课堂，我总是莫名兴奋（当然也带着一丝丝紧张和期待），仿佛前往某地探险；上完课，常常会有意外的惊喜，有时也难免遗憾。可是，如果我们把所有的公开课当作"研讨课"，而不是"示范课"，那么，我们就不必太计较某个环节"不够完美"。真实的家常课，也是"不完美"的。"不完

　　　　第三辑　不一样的进阶之路

美"，会带给上课者和听课者共同的思考——如何抵达"完美"？

当然，对于初入教坛的老师，适当地试教，是必要的"入格"训练；对于走向成熟的教师来说，不试教，不仅是勇气，更是修炼的法门。

今天重读自己的文章，我依然不后悔提出这样的观点。

此文，并不反对磨课。文中，我说"对于初入教坛的老师，适当地试教，是必要的'入格'训练；对于走向成熟的教师来说，不试教，不仅是勇气，更是修炼的法门"。

对于后一句话，我想展开来，继续谈一些自己的想法。

这年头，教师的工作越来越繁忙，有时候忙到几乎窒息。

其实，有一种忙，叫"公开课忙"。谁知道，这"忙"，是"茫"，还是"盲"呢？

为了磨出一节大家看着都满意的课，一次又一次地焦头烂额。时间花出去了，"这节课"往往确实是好看了，但是磨这一节课的时间，事实上可以用来做很多更有价值的事情。比如——

观察学生，研究常态学情，收集学生当中的真问题，改进教学；

架构课程，优化整册书教学结构，对教材做统整、微调与拓展；

阅读好书，提升解读文本的能力，拓宽视野，提升文学素养；

练习基本功，提升朗读水平、口语表达水平、三笔字水平等。

……

也许你会说，这些事，我平时也在做，上公开课只是一段时间的事，不会影响我的日常修炼。

事实上，对于逐步走向成熟的教师来说，在某个时间节点上打磨出一堂满意的课是有价值的，但价值有限。因为语文课很多所谓的"教法"，往往具有唯一性。也就是说，在这节课上是行得通的，但是换了另一节课，则行不通了。

很多人学名师，之所以学不像，往往只学习了他们课堂教学的"术"，而没有学到他们处理文本以及课堂对话的"道"——其实，真正的"道"是对语文和对儿童的深刻理解。而对儿童的理解和对语文的理解，不只是在磨课过程中获得的。

反过来，如果眼睛不再死死地盯着公开课，而是多看看儿童，多修炼自我，对儿童理解更深刻了，对语文理解更深刻了，自身解读文本的功夫提升了，语文教学水平也许会整体地提升一大截。

我敬仰的支玉恒先生，40岁转行教语文。他的修炼门道不是一节又一节地反复课前打磨自己的公开课，而是把功夫花在练字、朗读、读书、思考上。

他觉得自己的字写得难看，于是用毛笔小楷写教案，写了几年，练出了潇洒的板书；

他觉得自己的朗读水平不高，于是学着中央电视台那些播音员，反复练朗读，练出了高超的朗读本领；

他关注到了长期以来的语文课一直在"提问题—答问题"，于是他写出了一篇篇好文章，探索了一节节好课。

正是支先生苦练基本功，加上爱读书、爱思考，当然更加上他惊人的天赋，成就了后来的他。

试想，假如支先生眼睛只盯着一节又一节的公开课，不从课堂之外修炼自己，我想，大抵他是不可能达到这样的课堂艺术高度的。

据我所知，支先生驰骋教坛的几十年，一直是不试教的——或者说，他在上课的过程中"试教"——不断优化自己的教学方案。不试教，把自己解放出来，拥有更多的时间读书、实践、反思，慢慢地悟得语文之道。

当然，你会说：支玉恒先生的例子，不能说明问题。我们细细打磨一节课，是为了探寻语文教学的规律。然后用规律指导常态课，提高常态课教学效率。这，怎么有错呢？

没错！但我论述的重点不是反对磨课，而是倡导走向成熟的老师，多上裸课——反对跟倡导，不是一回事。

因为裸课，你事先知道这节课必须一次性呈现，你会逼着自己把功夫下在课外。

因为裸课，你知道自己不可能完美呈现（事实上，世界上没有完美的课），而是试图用接近常态课的教法，呈现出常态教学的本来面目。成功，则可以被人借鉴；失败，则可以当作反例——谁说公开课，只能观摩成功的？

裸课中出现的问题，正是常态课堂的真实再现。把出现问题的原因分析明白，犹如发现路障——告诉别人：此路不通！这不也是一种贡献吗？

如果我们把公开课当作艺术品瞻仰与膜拜，就会千方百计去求完美；如果我们把公开课只是当作一堂公开的家常课——只供大家解剖的麻雀，你便不再纠结于磨还是不磨。

事实上，我国香港、澳门、台湾等地，一直就是这样真实观课的。

当然，如果你参与比赛，其他人都在磨，你和你的团队都很在意成绩（其实，没人不在意成绩），那么，唯有"磨你千遍也不厌倦"，因为你不愿意丢面子。

中国的赛课，有多少是真正为了课而赛？很多时候，是为了面子而赛。

得奖了，风光了，凯旋了，红了；失利了，黯然了，回来了，哑了。

语文呢？

涛声依旧！

好的教师培训，
要引爆学员的"小宇宙"

一、情境再现

周末，应杭师大教授王崧舟先生之约，参与他组班的"核心素养视野下小学语文教师执教能力提升"的培训。

王教授安排我一天的课。

上午：我上一节图画书读写课→学员分组讨论→学员代表发言、提问→我集中回应学员的问题。

下午：我的一个主题报告 + 互动。

印象最深的不是杭师大附小学生的精彩表现，而是老师们的发言，尤其是提问的精彩与深入。

略去老师们对这节课的溢美之词，这里仅记录问题。不完全统计，老师们提出了如下问题（有些问题，我根据现场回答，保留对话要点）：

（1）张老师，您一节课需要备多少时间？

答：一辈子和半小时。

（2）为什么你的图画书要放在五年级上？

答：图画书值得一辈子阅读。

（3）这节写作课，你为什么要花那么多时间读图画书？

答：这节课不是写作课，而是语文课。

（4）你在课堂上展示了五篇作文，学生的作文水平让我吃惊。你是挑最好的学生习作，还是有比它们更好的？有没有很差的需要老师课堂上及时帮助的？

答：选的是中等偏上。既可以展示学生风采，也有修改讨论的价值，至于写作困难生，不是我这节课能解决的。一节40分钟的公开课，不要去承担太多的责任。

（5）这节课你的写作教学支架是什么？

答：显性的支架在板书中；隐性的支架在范文中。

（6）教师的习作点评如何紧扣本节课的写作目标？

答：主干环节要紧扣目标，适度顺手捎带其他的。教学目标是大江，其他目标是溪流。

（7）你的写作教学呈现为一节节课还是有系列的课程？如何处理好课内和课外写作教学的关系？

答：先开发一节节课，然后整合成课程；课内课外同样重要，正在试图打通，写书中。

（8）课堂上我看到大部分是老师您在评学生的作品，您的点评确实很精彩，是不是可以让孩子们也参与评价？

答：课堂时间是常数。教师要有所为，有所不为。如果是自己的班级，师生一起评；因为是借班且内容多，教师示范评。

（9）学生修改完作文，教师没有安排他们展示修改。是否可以把最后读图画书发现图画书密码的环节去掉，让学生有一个环节展示自己的修改成果？

答：时间是常数，有所为，有所不为。这节课的目标不只是写作，因此把更重要的发现图画书的密码放在最后。

（10）课堂上，教师只让学生写莫里斯的"欢乐与悲伤，理想与希望"，是不是可以呈现更多元的选择——比如学生可以写写自己的"欢乐与悲伤，理想与希望"？

答：意见很好。采纳！谢谢！

二、价值追问

我以为上午这个板块的培训最有价值的不是我的课，而是围绕着课的对话。

第一，这种对话不是单向度的，而是全方位的，这样的对话保证了培训主体的"在场"。

参训老师人人发言，所有组代表发言，这样的机制促使每个老师认真听课、观课、议课，这就保证了培训者真正的"在场"。这种"在场"不只是"身在"，而是身心俱在。任何学习，"在场"很重要。

没有对话的培训是缺乏"在场性"的。因为没有对话压力，教师可以随心所欲地听课，好听则听，不好听则走神，或者专注地玩手机。即便是好听的课，因为没有对话，使培训处于一种遮蔽状态，即培训者的设计理念与教学策略被遮蔽，听者的感受及问题被遮蔽。这样的遮蔽，使得培训无法达到"澄明"状态。这样的培训，学习并未真正发生。

而上述对话场景，因提问者、解答者都能够敞开心扉，真诚探讨，初步实现了"去蔽"。正如现场一位老师在微信中的评论："今天您对待大家提问的宽容、赞同、欣赏态度，解答问题的耐心、细致、透彻、深入，值得点赞。"

第二，这样的对话，充分展现培训课程设计的"留白"之美。

很多时候我们参加培训，常常看到密不透风的安排。这样的密集而高强度的学习内容，培训者连回味的时间都没有，容易导致信息的拥塞和消化不良。减少培训课程，围绕主题，把课程安排得宽松一点，对话探讨的时间充分一点，让老师们有主体参与的时间和空间，这也许是"减法"后的"加法"。正如书法里的飞白，山水画中的留白，以少胜多。

表面上看课程由一天两位主讲减少到一位主讲，但其含金量反而增加。少的是表面上的课程内容，增的是思维的含量。

三、几点建议

这样的培训，有没有改进的余地呢？当然有。世界上没有完美的事物，培训亦然。

第一，可以不可以将小组推荐发言改为抽签发言？

这个培训班老师的总体素养应当说是比较高的。这样一个群体，如何让大家思维都处于一种风暴状态？

能否将小组讨论后的上台发言改为小组抽签发言＋主动申请发言？

小组抽签发言意味着每个人都有被抽到的可能。每位老师的思维都会处于适度紧张的状态。他们会全神贯注地听课，关注课堂上的一举一动，边听边思考。大家都是高手，如果听课不认真，很有可能发现不了课的精彩之处，或者看不到课的问题。任务驱动下的观课，可能会看到更多东西。

加一个主动申请发言的环节，让有话可说、有话想说的人也能够参与进来。小小的改变也许会让整个培训充满思维的"静水深流"。

第二，可不可以将工作纸用起来？

也就是说，小组讨论的时候，发言者借助思维导图，将伙伴的观点记录在工作纸上。这既是对伙伴发言的尊重，也便于观点的统整。

同时，主持人在安排讨论交流的环节时，在黑板上贴一张工作纸，请速记员把大家发言的要点记录上去，便于总结梳理，让大家进一步深入思考。最后的梳理是非常有必要的，很多培训往往少了这个环节。

第三，对话环节能否允许学员和上课老师继续深入讨论？

一般的互动环节往往呈现"学员问—讲师答"的模式。其实培训者并不是什么都懂，每个人的思维都有盲点和黑洞。追问，可以减少思维的盲点或者黑洞。再者，培训师和学员之间可以形成多个来回的碰撞。甚至学员和学员之间也可以就某些问题展开争论，是谓"教学相长"。

第四，能否增加学员前置性学习和体验环节？

学员在参训前要对培训的内容有所了解，这样便于深入思考。例如我上的《神奇飞书》，能否让学员前期先解读文本，或者尝试进行教学设计？有了前置性学习和设计，听了课再来讨论，会不会更深入、更有收获？这个收获既是听课老师的，也是主讲老师的。

总之，真正有价值的培训能够引爆所有人的"小宇宙"，而不是主讲者激情飞扬，听讲者鼓掌捧场。

真正有价值的培训是主讲老师和参训学员之间的合奏，而不是独奏。

请不要以平台的名义
绑架教师培训

在浙江省教师学习平台（筹）座谈会上，我发表了几点看法。我的核心观点是"请不要以平台的名义绑架教师培训"。现根据发言提纲整理成文。

一、什么样的平台是一线教师所欢迎的

从 2000 年前后发端的 BBS 到 2005 年兴起的博客，再到 2012 年横空出世的微信公众号，我都是深度参与和体验者，对这三种类型的学习、交流平台，深有体会。应当说这三类平台各有各的优缺点。

BBS 最大的优势是开放性、互动性和聚焦性。2004 年，我以"温岭祖庆"和"万壑松"这两个马甲，分别在人教论坛和教育在线论坛发布主题帖子，开辟个人专栏。从《詹天佑》被"围剿"到主动开专栏写作，深度卷入。彼时，一大批有思想、不甘寂寞的草根教师云集于几大论坛，经常为某个观点争得脸红耳赤。可以毫不夸张地说，BBS 鼎盛时期是网络社群的"春秋战国"时期。网络的开放性和互动性，为培育一批有思想的教师做出了杰出贡献。如果没有 BBS，那么干国祥、看云等老师将有可能

被埋没。

博客的最大优势是个性化。如果说 BBS 是"战火纷飞"的前沿阵地，博客则是"岁月静好"的私人后花园。博客写作更具个性化，深深地打上个人烙印。相比之下，博客互动功能没有 BBS 强大。

智能手机时代，微信公众号的创生让交流走向前端。快捷、便利、辐射面广，成为了微信公众号的特质。"10 万+"帖子和超级大号的频频诞生让微信交流功能被放大到极致。但是，微信公众号阅读聚焦时间太短，后台互动对话无序、混乱，无法形成深度的聚焦。公众号阅读逐渐成为快餐式阅读。

最理想的学习平台应该是 BBS、博客、微信公众号的聚合体。即吸收各自优势，努力让平台拥有海量的资源、良好的体验、实用的干货，并成为个体对外宣传与展示的舞台。

海量资料——平台上应该有各种各样的资源。教案、PPT、作业设计、教学解读、名师设计、疑难问答、资源链接等应有尽有。

良好体验——注册简单，操作简便，既可发布信息，又可参与互动。录播、直播、回看功能兼备，而且不需每天打卡，来去自由。

实用干货——少一些空洞的理论，多一些可迁移的策略；少一些玄之又玄的空谈，多一些接地气的方法。

展示舞台——学习平台不只是学习的场域，更是人人都可展示的大平台。这个平台应该向所有人开放，只要你有想法、有才华就可以把自己的好东西传上来。学习平台应该成为每个人的大舞台。

拥有上述功能的学习平台，老师们大抵是喜欢的。反之，如果把平台当作是强制教师必须注册和参与的硬任务，那么平台就有可能成为绑架教师学习的"罪魁祸首"。

优质的学习平台应该具备怎样的特质呢？下面就来谈谈第二个问题——

二、优质网上学习平台具有哪些特质

第一，草根性。

教育在线、人教论坛之所以一度热火朝天，最关键的是其非官方色彩——去行政化，让老师们拥有自由言说的畅快。也因为非官方色彩，没有行政约束、没有计划、没有反思、没有总结、没有评比，所以一切都自由有序、生机勃勃。草根性应该是优质学习平台所要秉持的原生特质。

我因此一再呼吁，我省将要建设的学习平台千万不要行政化。一旦以行政的名义要求人人注册，那么好心也许变坏事。老师们平时已经很忙，本已有一个培训和评价的平台了，现在又来一个学习平台且还要再注册，还要打卡完成学习任务换积分，这样的平台也许会让老师们反感。（事实上有些区域和某些平台合作，要求老师们每天打卡，打卡了分数就会自动上升。老师们的任务就是为了积分，分数够了便不再学习，这样的平台意义何在？）

只要把平台做好，让老师们有良好的体验，他们就会慢慢被吸引进来。这样的平台才具有永久的生机与活力，否则平台就有可能绑架教师培训！

第二，包容性。

论坛是个包容性很强的地方，不分级别，不分地域，不问来处，只要参与，就是主人。只要不出格，不涉及重大敏感话题，每个人都会快快乐乐地"活着"。优质的平台应该是允许发出多样声音的、允许质疑和碰撞的地方。

第三，丰富性。

资源的丰富、观点的多元、呈现方式的各异，这些因素应该是优质学习平台的良好生态。良好的平台应该是百宝箱，应有尽有，取之不尽，用之不竭。

第四，游戏性。

平台可以吸收 QQ 头像升级理念，引入游戏规则，进行虚拟嘉奖。发帖、回复、上传、下载都可以产生业绩，并累计到总业绩中。达到一定级别允许建立个人专区，上传个人作品，并允许对外收费。最理想的教师学习平台应该成为教师培训的天猫商城，人人都是消费者，人人都是经营者，人人都是获益者。

三、以先进的顶层设计理念架构优质平台

一个平台要想深入人心，必须有先进的设计理念。就像微信刚一推出就受到很多人的欢迎，并且不断迭代更新，功能越来越强大，以至于现在很多人离开微信便会寸步难行。学习平台的开发要多问问一线教师需要什么，而不是需要一线教师做什么。

第一，项目招标机制。

学习平台应该真正让教师说了算，教师要拥有绝对的选择权。培训人数的选择不应该限最高额度，更不应该有地方保护主义。谁的课讲得好，谁的课程开发得好，就有可能卖出几千几万单，而不是像线下培训项目那样人满就限招。

由平台正式推出的网络学习项目可以采取招标的办法，官方培训机构与非官方培训机构拥有同等机会的招标权利。参与项目评审的不仅仅是专家，还可以增加草根教师评委的比例，因为草根教师最懂自己需要什么。

第二，资源共建机制。

一个好的平台是需要参与者共建的。平台要下放权限，在每个县区都设立管理员，本地区教师上传的学习资源（课件、教案、音频、视频等）由该区域管理员审核。各县区按照教师人数进行积分排行，既比较区域积分，也比较个人积分。还可以给各地特级教师工作室一定权限，允许以工作室的名义上传学习资源。

第三，社群联动机制。

当下的培训越来越趋向精细化，细分、垂直、精准是未来优质培训的方向。学习平台的建设也应该朝这个方向发展。因此，学习平台应该建立一些比较小众的学习社群，以社群吸引不同兴趣爱好乃至不同研究领域的人群。

以语文学科来说，可以建设的社群就很多。比如：低年级看图说话写话社群、中年级起步习作社群、群文阅读社群、整本书阅读社群、低段语文教学社群、识字教学社群、字理识字教学社群、古诗文吟诵社群……

每个社群招募2~3个领军人物，给予一定的管理经费和管理权限，由这些领军人物带领老师们成长。

非正式社群在专业发展中的作用远未被充分认识。

第四，知识付费机制。

知识付费已经深入人心，教师既是知识的传播者，也应该是知识的生产者。学习平台应该鼓励教师用自己的劳动、自己的人气，光明正大地获取流量，进而变现。水平高、有吸引力的课程理应在这些平台中脱颖而出。学习平台要力捧网红教师，让这些教师在做好本职工作的前提下，利用自己的人气为自己赢得更多的专业尊严和专业财富。

第五，学分兑换机制。

学习平台上的学习如果能够和学分兑换结合起来，将能很好地减轻工学矛盾，浙江省实施将近两轮的 360 学分培训最突出的问题在"工学矛盾"。如果学习平台中的阅读、上传、讲课能够兑换成学分，那么平台将真正助力教师成长。为了避免线下培训的大规模萎缩，我们可以对不同群体实施弹性学分制。比如：职初教师，以线下培训为主；骨干教师，线上线下各百分之五十；卓越教师，以线上任务驱动培训为主。

第六，智慧评价机制。

充分发挥大数据的优势，对每一位教师的阅读风格、学习习惯，以及阅读量和上传课程数量与质量进行精准的个性化评估，自动生成推荐阅读文章群和书目群，帮助每位教师生成教学素养雷达图，帮助教师弥补短板，发展优势。

也许我所说的过于理想化，当下优质的平台和学习资源已经不少。我最担心的是为了搭平台而搭平台，这样的培训将会是教师培训的灾难。

但愿不会。

也因为相信不会，所以敢在平台建设务虚会上斗胆说些真话，供相关部门参考。

为何有那么多老师
愿意自费培训

（一）

暑假期间，和管建刚等几位朋友全程参与了"行知写作研习营"。

缘于近几年积累的口碑，应不少教师的反复要求，主办方把原本限定 400 人的研习营规模扩展到了 600 人。这个数字已经突破了研习营的极限——人这么多，根本没有办法真正做到"研习"。

老师们学习积极性这么高，主办方不愿意让大家失望，只好扩大规模。

开班那天，整个礼堂黑压压一大片。所有放得下椅子的地方都摆了加座，甚至有老师站着听课。

乔总告诉我，这次活动不少老师是自费参加的。

互动时，我不经意问了句："自费的老师，请举一下手。"

不举不知道，一举吓一跳！参训的 600 名教师，居然超过半数是自费的。有的甚至来自新疆、黑龙江，还有一个 5 个月身孕的女教师是由丈夫陪着来的。

令人震惊！让人动容！

这年头居然还有那么多自费参加培训的老师？

背后究竟有哪些深层原因呢？

<h1 style="text-align:center">（二）</h1>

我带着这个问题访谈了几位老师。把他们的访谈进行归纳，发现了这样一些原因。

第一，整体氛围的积极影响。

F老师来自重庆某一名校，她本身获得过重庆小学语文教学比赛一等奖，全国素养大赛特等奖。我在浙江某次培训中认识的她。

印象最深的是她的速记功夫。讲师在台上刚讲完，她的同步讲课记录PDF已经上传微信群，四天半的培训，每讲如此，同学们都喊她学霸。

后来与学霸有了比较多的接触。她告诉我，在他们学校像她这样爱学习的老师很多。

暑假一个半月，他们学校的年轻教师至少会有20多天是自费参加学习的，常常一个人要报4~5个班。

问她，动力来自哪里？F老师告诉我，他们学校老师的学习氛围真是好。大家都很有上进心，一旦停止学习就会被人拉开距离。因此大家你追我赶，纷纷自费学习。

我不禁对这所学校的校长肃然起敬！能够带出如此爱学习的团队，真的很不容易！能够激活大部分教师职业内驱力的校长，一定是位卓越的校长！

第二，职业使命感的本能驱使。

像F老师的学校那样有那么好的学习氛围的学校毕竟不多，自费培训大部分是教师的个体行为。他们是真爱学习，把学习当作自己给自己发放的福利。

想起了研习营里很多个难忘的镜头。

退休多年的上官老师参加了第一届"行知写作研习营"。结业典礼上，满头白发的上官老师动情地说："职业可以退休，但学习不可以退休，我还可以再干十年！"

快退休的韩金铃老师经常自费参加各地的培训。学习沙龙上，当问及她为什么快退休了还来学习，韩老师不假思索地说："我老了，但我的学生还小……"

2016 年顺德"百班千人研习营"，一位体育老师千里迢迢地从陕西赶到广东。为什么一位体育老师要参加语文的研习？她回答："阅读是所有人的事，读书能让孩子们更有气质，也让我们学会更好地育人……"

是强烈的职业使命感推动着他们自费参加研习。这样的老师往往有一种紧迫感，虽年过半百或临近退休依然不肯放弃学习，为的是不虚度每一天。

这样的老师，让我的敬畏之心油然而生。

第三，优质培训的巨大吸引力。

吸引这些教师自费培训的另一个原因，也是很重要的原因，就是培训的质量。

各地的教育部门都非常重视培训。有些培训项目确实也是认真设计和实施的。但总体来说，高质量的培训项目相对还比较稀缺。

培训课程的设计往往是"因人设课"，即不是从被培训者的需求入手来建构课程，而是看培训的名师或专家谁有空，先把人邀请到，再根据培训者自己报的项目填入培训菜单。这样的培训往往没有系统性，也很难提供优质课程。

再一个，因为种种原因（地方保护主义＋工学矛盾的现实困境），不少学校都希望教师选本区（县）教研或师训部门的课程。从整体上看，这些课程因为经费、人员等多方面原因，质量难尽如人意（当然也有设计并实施得很精彩的），常常有"年年岁岁课相似"之感。

这样的培训对一部分混学分的老师来说无所谓。而一些真正想学习的老师，则有一种强烈的"饥饿感"，他们希望选择一些感兴趣的项目参加。而这些项目要不路太远，要不学校无法审批。这样一来，一旦课程很诱人，自费就成为了无奈的选择。

如果学校允许报销，谁愿意自费呀？！

第四，财务政策的客观限制。

和几位外地教研员老师聊过教师专业发展。大家纷纷吐槽，现在教研员出来参加培训比较困难，需要层层审批。

教研员 F 君参加某省教育厅组织的"种子"教师培训。临近学习，恰逢局领导人事调整，拿着文件挨个请领导批阅，但都说培训不属于自己管辖。教研主任说既然领导不批阅，就不要去了。"这是已经上报教育厅的，不去是要和教育厅请假的！""那也没办法，没人签字，就没人报销。""那我自己去！"

就这样，她自费参加了为期一周的省级研训活动！

其实不只是教研员，任何教师出来参加培训都得层层审批。有不少地方甚至规定，只能参加本省或邻近几省的官方活动，任何其他机构的培训活动，教育局分管领导不审批就不能参加。

而且，教师培训每天的开支金额、讲课费、专家餐费都规定得死死的。政策在先，客观上限制了官方培训大量邀请远地专家参训的可能。一部分想外出参加培训的教师也由于开支超出预算范围，审批通不过。

这就导致了：想请进来的无法进来；想出去的出不去。于是就近找专家，就近参训，成了教师培训的主旋律。

更为滑稽的是教师真正想去的地方去不了，年终将至，培训费却剩下一大笔。于是找了一所不远不近的学校，带着一队人马听半天课，到校园里装模作样地晃一下，拍几张照应付了事，剩下的时间玩儿去了，还规定不许把玩的照片发到微信上。

有趣！

在这样的客观限制下，由于有些培训（往往是非官方培训机构策划的）课程设计得实在精彩，爱学习的少数教师只能咬咬牙，自费前往！

（三）

自费培训的教师这么多，表面上看值得欣喜，但事实上让人伤感。

教师群体收入本来不高，去充个电还得自掏腰包，简直高尚得过了头！这样的高尚让人心疼。

这样的现实困局，有无破解的可能？

培训这件事说起来简单，做起来复杂，涉及方方面面，不是哪个人轻易可以改变的。

既然是探讨，就允许异想天开，我还是愿意把一些不成熟的思考提出来，供不小心看到的相关部门（财务部门、教育局、培训机构、学校）领导参考。

第一，财务部门要适当提高培训标准。

提高专家讲课费用的标准、餐费的标准和教师日均参加培训的标准。

标准适当提高，外围的优质培训资源可以进来，教师也可以外出选择优质的课程。标准提高到什么度，则可以根据地方财政和学校财力自主申报，灵活执行。只要不超出上限，适度灵活有助于促进培训工作的良性循环。

第二，培训课程的招标要适度放开。

官方培训机构和民间培训机构可以平起平坐。通过培训质量的等级认证，优质的民间培训机构完全可以有资格参加课程招标，和官方机构公平竞争，让更多真正优秀的课程进入教师视野。

民间培训机构的适度介入具有鲶鱼效应，让官方培训机构不再高枕无忧，培训质量差的有可能被淘汰。这样的良性循环有助于整体提升培训课程的设计质量和实施水准。

第三，管理部门的审批权要适度下放。

基层教育行政管理部门的审批权要适度下放。基层区县教育局只管出国出境培训即可，短期的国内、省内的培训由学校行政会议集体决策，报备教育局即可。这样学校就拥有了相对自主的派送教师外出培训的权利，教师也拥有了相对的自主选择权。

教育局可以加强督查，以防经费乱开支。一旦发现乱开支的现象，可以大幅度地减少该校下一学年的培训经费总额。

第四，建立教师培训券积分奖励制度。

建立教师培训券积分奖励制度，鼓励教师利用节假日参加培训，以此缓解工学矛盾。节假日培训的学分兑换可以乘以 1.5 或者 2 的系数。五年内培训券累计达到一定的学分，可以凭培训券获得一笔不菲的培训奖励。

也许这些构想太理想化，也许只是空想罢了。但总得有人去空想，万一有些道理呢？

同样的培训，
为什么有人进步飞速，
有人原地踏步

（一）

和阿牛、建平一起组织了一场名为"卓越教师深度成长营"的培训。

不是我们自吹，这个培训必定会深刻地改变小部分教师的专业成长。

培训的核心内容可以用三个关键词来概括：阅读、表达、课程。

阅读：在干国祥、冷玉斌等几位导师的带领下深度阅读两本书，并由这几位导师分享若干阅读的独门秘籍。

表达：分为两个板块。线上部分主要是开一个微信公众号，每周更新一篇文章，由导师点评，坚持两个月。线下部分是在暑假期间，进行口头表达力的训练：从备稿、PPT 制作到演讲技巧的锤炼。

课程：在丁慈矿、阿牛、建平等导师的引领下，单独或联合做一个属于自己的迷你课程。

课程有两个套餐：A 套餐，线上；B 套餐，线

上 + 线下。

只发布了一次微信公众号就有近 300 名教师踊跃报名。据不完全统计，80% 的老师都是自费的。

说实话，一线教师的成长热情和需求，颇让我们吃惊。

（二）

培训组织了，就要认真带领老师们成长，这也是我们的自我成长。

这个课程对老师们最大的挑战是开一个公众号，每周更新一篇文章。

课程第一讲，我毫无保留地与老师们分享教师为什么写作，以及如何经营微信公众号。

阿牛老师则从品牌确立、微信命名等维度提出了教师如何做自己的品牌，并分享了他的"53 写作法"的核心理念和操作要领。

从理论到实操，看起来似乎简单，其实还有很长的路要走。简简单单的微信公众号对有些公众号菜鸟来说，简直比登天还难。

有的老师选择了挑战。从申请公众号到命名、选材、列提纲，乃至排版，一有不懂就缠着导师或学员。群里有学员运营过微信公众号，他们无疑是优等生。小柯同学就把自己运营微信公众号的经验录制成三个微课，将怎么设置行间距、怎么缩进、怎么对齐、怎么设计二维码、怎么开白、怎么链接等分享给一起参与的学员。

不少学员从开始的一窍不通到慢慢地像模像样。有的只要两个星期便熟练得像个老手；有的一个月就做得有模有样。

群里每天都会不定时地有老师转发自己写的文章。

阿牛、建平和我会像批改小学生习作那样，认真批改每一位老师的文章，短则三两句，长则几百字。如果文章写得好，我们会请这些老师给我们各自的微信公众号开白名单。

被开白名单的老师会像小朋友得到老师的大红花那样欢欣雀跃。

一批人像打了鸡血一样，写下一篇又一篇佳作。

有的人甚至每天一篇地在更新，明明只需要每周一篇，看来写作上瘾了。

最让人感动的是有位快要退休的李绒老师，原先不想写，后来被群里的氛围感染，也敲打键盘写了起来！

（三）

不谦虚地说，这个培训的效果是明显的。

不知道公众号为何物的老师，公众号入门了；

不爱写作的老师，爱写作了；

从来不知道什么是"读者意识"的老师，开始思考如何为读者写作了；

排版乱七八糟的老师，能够排出一篇美观耐读的文章了；

将近 30 位老师的文章，通过我们的介绍发表在报刊上了；

有编辑主动约老师们写稿了；

有不少老师搭建起了属于自己的微课程；

……

作为培训发起者，虽然很辛苦，但是，值！

（四）

然而，我们也遗憾地看到，有部分老师仍然一动不动。

整个培训，有些老师一篇文章都没写；有的开了公众号，不敢发文；有的怕自己在大庭广众下被导师批评，丢不起这个脸；个别老师干脆连公众号都没开。这些老师可能是被学校动员，被迫参加这个活动的。

也有老师更新了两三篇，觉得公众号这玩意儿不好玩，丢一边了。

也有的甚至可能连线上的课都没有听。

（当然，也许是觉得我们的培训不对他的胃口，提不起兴趣。）

我曾在群里和老师们说过，认真完成作业只有一个理由，那就是渴望成长；不完成作业，貌似有一万个理由，其实也只有一个理由，即不想成长。

（五）

曾经有一个年轻人，他只是单纯地想成功。

所以，他找到自己视为偶像的苏格拉底，并告诉苏格拉底他想成为像苏格拉底一样强大的人。

苏格拉底说，如果你想成为像我一样的人，那么明天早晨来海滩见我。

那个年轻人四点的时候就赶到了，全副武装。

苏格拉底走过来摸着他的头问："你有多想成功呢？"

年轻人说："我真的很想！"

接着苏格拉底让他走下水。

当海水差不多淹到年轻人的腰际，年轻人心里想："我只想成功，他却只教我游泳。我可不想成为一个救生员，我只想成功！"

苏格拉底察觉到了这一点，所以他就对年轻人说："再走远一点。"

然后年轻人又走远了一些，这时候水差不多淹到他的肩膀附近。

年轻人心里想："这老家伙真是个疯子，他很成功但却是个疯子。"

而苏格拉底却一直说："再走远一点，再远一点。"

这时候水已经快要淹没年轻人的嘴了，而苏格拉底还让他继续走，这家伙一定疯了。

苏格拉底这时候说："你告诉我你想成功的。"

年轻人回答道："是的！"

苏格拉底让他又走远了一点。这时候苏格拉底走近年轻人，把他的头按到水里，再提起来，又按到水里……

就在年轻人快不行的时候，苏格拉底把他拎了起来。

苏格拉底对年轻人说："当你对成功的欲望足以与对呼吸的欲望相媲美时，你就会成功。"

（六）

报了名而没有写文章或者没有完成其他学习任务的老师，我深知他们的忙碌。

语文老师往往兼任班主任，一边是加班加点给学生查漏补缺，一边是完成各种杂事，有时候工作忙到崩溃。

我深深理解这样的忙碌，但是那些坚持写作的老师就不忙碌吗？

哪怕再忙，一周写一篇文章应该还是不难的。

也许你会说，我真不知道写什么。

其实我想说，关键是你把自己看得太重要，怕被人笑话，说白了就是面子问题，怕文章写得不好，导师、学员或者同事笑话。

其实除了你自己，谁会在乎你？真像陈金铭老师说的，你"丢掉的是面子，捡起的是里子"。

你不愿意写文章或者不敢写文章。在写作这块上，至少你失去了宝贵的进步机会。

看着学员们一篇篇精彩的文章诞生，难道你就一点都不动心？

也许你会说自己只是一个草根教师，为什么要写文章？

亲爱的，你是语文老师，语文老师不热爱写作，你怎么能教好学生？

这不就像武术教练不会武术一样荒诞吗？

（七）

说到底还是心态问题。

渴望成长，再忙也可以挤出时间；

不想成长，则有一万个理由拒绝。

不是每一位老师都可以成名，但每一位老师都应该成长。

教师培训的"硬指标"
与"软工伤"

当下,教师培训工学矛盾日益突出。

教师成长的确离不开充电。各地举行的各类培训理应成为教师的"充电宝""加油站"。

然而,我们悲哀地看到,大量教师培训不但成为鸡肋,而且成为一种"软工伤"。所谓"软工伤",表面上看是该教师在认真地参与培训,而实际上点卯撞钟,心不在焉,人为误工,导致教育的深度内伤。

常常会看到台上培训师讲得眉飞色舞,台下听课人听得昏昏欲睡。有的甚至签个到,溜之大吉。

虽然现在的签到技术越来越先进,用微信扫码或者定位签到以防假冒,但上有政策,下有对策,找个闺蜜、同事,让对方登录自己的微信账号,依然可以李代桃僵,瞒天过海。这种形式主义的签到,表面上看圆满地完成了培训的指标,实际上耗费大量人力物力,人为地制造了看不见的"工伤"——不但没有学到什么东西,而且活活浪费时间。

我们要从源头上去寻找原因。很多时候指标是个好东西,让人有紧迫感、责任感。但是一旦不顾实际、不顾需求,硬生生地下达必须完成的指标,指标就成为紧箍咒和铁索链。

教师培训领域其实是最不需要下达指标的。真正热爱专业的教师，不需要下指标也会认真参与培训的；反之，不热爱专业者，孔老夫子天天耳提面命也不会教书育人。

我常常参与网络上的社群研讨。不少老师自费买书，积极参与网络社群活动，天天主动打卡，主动发表感言，乐此不疲。QQ 群、微信群里的草根教研不需督促，常常爆满。

我也参与不少线下的培训。有些场次三分之二的老师都是自费的，而且费用不菲。有的几乎年年参加同一个品牌的活动，成为这些品牌活动的忠实拥护者。

这些培训，无论网上的还是线下的，常常是没有学分的。恰恰是这些没有学分的培训，却让老师们乐此不疲（当然也有拿学分的项目做得认真、卓越）。

反观那些以拿学分为主要目的的培训，有多少是老师们真正用心参与的？我看到相当一部分教师是被逼参与的，因为不参与培训要被吊销教师资格证。

培训一旦为了拿学分，就会失去参训动力，就会被动应付。这是"硬指标"下的无奈选择。

也因为参训教师的被动应对，培训组织者往往按部就班地完成任务（当然，也不否认一些官方培训机构所做的积极、卓越的探索）。如此一来，相当一部分培训成为形同虚设：一边，学习者是被迫的；一边，培训者是例行公事的。大家心照不宣，彼此应付；表面相安无事，背地相互埋怨。

这样的培训导致恶性循环，"我"不得不参训，"你"不得不组班，只因"他"有硬指标在考核。

一切为了数据；一切为了指标。

为了硬指标，基层培训机构纷纷组班，努力让考核好看，让成绩优秀；为了硬指标，基层教师被迫参培，努力让任务完成，让数字达标。数字是达标了，可人不见了。班里课无人上，请其他学科教师或代课教师代上就成为家常便饭。一边是极其低效的培训，一边是极其低效的课堂。这就是"硬指标"下的"软工伤"。

人淹没在了数字后面，人成为了数字的附庸。不得不说，这是教师的悲哀，也是教育的悲哀。

破解之道还在于顶层思维。

这里面涉及终极问题：教师培训，该如何科学评价？是以冷冰冰的指标导向来评价，还是以教师职业幸福指数来评价？

我想，显而易见，应该是后者。

教师如何获得幸福感？职业尊严和职业自信，应该是教师职业幸福感的源泉。

教师工作要想获得职业尊严，除了健全良好的保障体系，提升应有的社会地位外，更重要的在于通过成功的教育教学活动获得职业高峰体验。前者是外因，后者是内因。在外因无法短时间实现的前提下，如何建立有效机制引导教师树立职业自信，激活教师职业潜能，当是所有教育行政部门、培训机构和学校管理者需要共同思考的重大课题。

教育行政部门和学校要建立科学的评价机制，用评价机制倒逼教师主动培训。不培训就会被淘汰，不培训就会有生存危机。

上级教育行政部门和培训管理部门要少一些一厢情愿的"硬指标"，多向一些向高质量的民间培训机构学习，真正从教师成长需求调查入手，设计有助于教师成长的高品质课程。同时要引入竞争机制，让更多非官方优质课程拥有公平竞争的机会，像"鲶鱼"一样进入教师日常培训，通过优质课程吸引教师主动参训。

要建立第三方课程评估机制，以大量优质课程驱逐劣质课程，促使课程质量的大幅度提升。

同时要打造真正优质的多元的网络课程平台，让更多优质资源服务一线教师，服务一线教育，而不是绑架教师。平台真正强大了，教师就会自主使用，就会尝到优质资源的甜头。微信、支付宝，没有人逼迫使用，但大部分人自觉使用。

靠科学评价、卓越课程和优质平台倒逼和吸引教师，而不是靠"硬指标"去威胁教师，也不是靠行政命令迫使教师就范。

这，才是破解之道。

反求诸己，正心修身

某日和 Z 君聊天。

说及近况，Z 君深有感慨：走出狭小的圈子，遇见了很多人，也遇见了很多事。

一打开话匣子，他就刹不住车。我呢，基本上充当旁听者。

听他眉飞色舞地谈自己的创业故事，听他一路走来的酸甜苦辣。Z 君是个反思力超强的人，好几次都是他自问自答，聊着聊着就把心结儿轻轻解开了。

聊天中反复出现的词儿就是"反求诸己"。

（一）

先从出租车上的故事说起。

这天，Z 参加公益活动回来。高铁到站，等到一辆出租车。说好目的地，司机很快开出停车场，往公路驶去。

手机快没电了。为了不打扰驾驶员，Z 拿出充电线摸索着插往充电处。

"你要干嘛？"驾驶员有些懊恼。

"充电呀！"

"充电，你也要先和我打招呼啊！"驾驶员提高了嗓门。

"嘿！坐车这么多年，我都是这么充电的。"Z 显然也火大，平生第一次遇见这么较真的司机。

司机显然吃了火药："唷！你这还有理了？你充电得先问我啊！这样摸来摸去的干啥呢？"

司机越来越较真，Z 也越来越生气。

两人互不相让，战火一触即发。

司机嘟囔一句："做人得讲规矩！"

"你还教训人！我怎么做人，用得着你来教我？下车！"Z 终于忍无可忍，付了起步费，下了车。

从上车到下车不到五分钟。

Z 惟妙惟肖地讲述，我忍俊不禁。

"这事儿还真怨不得别人，是我自己错了。第一，我把所有司机都当作心平气和之人，一千个司机中遇到一个较真的司机，正常啊！第二，其实追根究底是自己没有做到位，按理充电前是应该先招呼一声的。"

Z 开始了复盘。

"生活中，我们常常为一件小得不能再小的事大动干戈、大打出手，说到底是我们自身的修养不够。遇事先责怪别人却不反求诸己，这才是问题的本质。"

我笑笑，点点头，继续听。

（二）

Z 是培训管理者。他接着给我讲了单位网上业务竞赛中某个班组开天窗的事。

单位新员工外出培训。这次培训分为三个阶段：线上 + 线下 + 线上。先是进行网络理论学习，再是集中外地分组研习，最后是分组呈现产品与导师点评。

前两个阶段任务都已经顺利完成。到了网上展示成果阶段，Z 在群里 @全体，提醒大家晚上 7:30 分组展示。

当晚 6 点，1、2、3 组的组长都已落实了任务，开始调试 PPT，唯独 4 组杳无音讯。

"4组人呢？是哪位汇报？"Z在群里问。

石沉大海。

过了大概半小时，有人私聊Z——

"报告Z，4组没有组长，任务没有落实！"

"啊，没有组长？竟然没有组长？上次你们组不是有人代表展示吗？居然连组长都没有？"

"上次是大家临时推荐的，真没有明确组长。事情一忙于是就……"

Z彻底无语，忍无可忍地在群里发飙：

"匪夷所思！4组居然组长也没有！到现在都没准备，责任心哪里去了？你们花钱是来学习的还是来玩的？"

Z的怒火都快把屏幕烧着了。

群里没有任何人回应。

活动如期举行，4组以开天窗的方式缺席本次展示。

总结时，Z语重心长地说："首先，我要反思自己。出现今天的状况是管理事故，我负主要责任。我想当然地以为各组一定有组长，也想当然地认为各组一定会落实任务。其实培训会的第一天，我就应该把组长名单收起来，建立组长微信群，再把事情落实给组长，无论多小的培训都不能没有人员组织。

"当然，你们也不是什么责任都没有。我在群里问了这么多次，4组十几个学员居然没有一个人站出来，稍微有点责任心的学员都会站出来跟我反映这样的情况。一个个做鸵鸟状，事不关己高高挂起，最终是每个人自己的利益受损。培训只有行动才有效，否则光听讲座不行动，效果等于零！"

Z加了4组的微信群，敦促落实任务。

"其实这个管理事故的责任百分百在我，我却凶他们不负责任。类似的事例在任何单位都有，本来是领导分工不明确，组织不健全，责任落实不到位，导致手底下的人不知道做什么，怎么做，等出了事却埋怨下属执行不力。"

又一次反求诸己。

（三）

"行有不得者，皆反求诸己，其身正而天下归之。"语出《孟子·离娄章句上》，意为"凡是行为得不到预期的效果，都应该反过来检查自己。只要自身端正了，连天下的人都会归服。"这里的"归服"，其实可以引申为心悦诚服。

是谓"正己化人"。

为什么先"正己"才能"化人"呢？

《大学》中说："所藏乎身不恕，而能喻诸人者，未之有也。"也就是说，自己身上还隐藏着不为别人所接受的缺点却能改变他人，这种情况是不会有的。

从根本上说，外境都是自心的折射，"三界唯心，万法唯识"，这是颠扑不破的真理，有什么样的心就会有什么样的境与之相应。

内心宁静，则世界宁静；内心懒散，则周遭皆懒汉；自私自利，见到人的大多也是自私自利；自己无私利他，周围的人也会无私利他……一个人遇到什么样的人，有什么样的子女、妻子、父母、同事以及生活环境等，都是由他自己内心的性格与思想决定的。

英国伦敦威斯敏斯特大教堂里的无名墓碑墓志铭举世闻名——

当我年轻的时候，我的想象力从没有受到过限制，我梦想改变这个世界。

当我成熟以后，我发现我不能改变这个世界，我将目光缩短了些，决定只改变我的国家。

当我进入暮年后，我发现我不能改变我的国家，我的最后愿望仅仅是改变一下我的家庭。但是这也不可能。

当我躺在床上行将就木时，我突然意识到：如果一开始我仅仅去改变我自己，然后作为一个榜样，我可能改变我的家庭；在家人的帮助和鼓励下，我可能为国家做一些事情。然后谁知道呢？我甚至可能改变这个世界。

据说许多世界政要和名人看到这块碑文时都感慨不已，悟到了要改变他人必先改变自己的道理。

年轻的曼德拉看到这篇碑文时醍醐灌顶，回到南非后一下子改变了"以暴制暴"的风格，他从改变自己、改变自己的家庭和亲朋好友着手，付出几十年的努力改变了他的国家。

同样的道理，《大学》中也说得明明白白："古之欲明明德于天下者，先治其国；欲治其国者，先齐其家；欲齐其家者，先修其身；欲修其身者，先正其心；欲正其心者，先诚其意；欲诚其意者，先致其知。致知在格物，物格而后知至，知至而后意诚，意诚而后心正，心正而后身修，身修而后家齐，家齐而后国治，国治而后天下平。自天子以至于庶人，壹皆以修身为本。"

我辈凡俗，无治国之志，更无治国之才。但正心修身，任何人概莫能外。不懂反求诸己，常会"严以待人，宽以待己"，置自身缺点于不顾。在自身缺点的影子上，即他人的缺点上大做文章，千方百计去指责，这不能不说是一种本末倒置的行为。这只能导致彼此互相争斗、相互怨恨，最后一起堕入痛苦深渊的悲惨结局。

"正己化人"与"以暴制暴"是两种截然不同的生命姿态。无论何时，"正己化人""反求诸己"者，都给人如坐春风之感，身边胜友如云、高朋满座；而"以暴制暴"或"反求诸人"者，则令人敬而远之，形单影只，自己和别人都会迈向痛苦的深渊。

生命行进的途中，唯有按照"行有不得，反求诸己""有诸己而后求诸人，无诸己而后非诸人"的古训改变自己，才能走向正觉圆满。

第四辑

不一样的
教育视野

窗外的风景

——新加坡资深校长胡春河先生访谈录

2017 年 11 月 11 日—2018 年 2 月 6 日，我和 34 位中国校长在新加坡南洋理工大学访学三个月。其间，聆听几十位教授、校长、教师以及社会各界人士的演讲。其中，新加坡资深校长、宏文学校前校长，中国保定长城学校前总校长胡春河先生的报告给我留下的印象最深。

先生是个谦谦君子，治学严谨，古道热肠，深受同学们爱戴。

来新加坡的第一周周末，我在文礼地铁站咖啡厅访谈了资深华文教师彭丽儿老师。彭老师对胡春河先生推崇有加，她说：如果安排胡春河先生给你们讲课，你一定要多问一些问题。

先生报告的题目是"完善机制 追求卓越"。这个报告分两个半天讲。第一讲，先生主要围绕着"学校的使命、愿景、价值观"展开。印象比较深的是谈到"使命""愿景"等核心话题的时候，先生让我们参与到学习活动中来。

他给我们每人发一张小纸条，让我们围绕着这两个话题写一写心目中好学校的"使命""价值观"分别是什么，然后让大家把小纸条贴到周围的墙壁上。这种互动式的学习有别于前两天教师一讲到底的做法，让学员真正动起来。

其实最有收获的还不是体验式培训环节，而是与他的聊天式互动。

以下是校长们随机提问，胡校长随机回答的记录（话题涉及学校的方方面面，其中几个话题是我们几个同学拜访他家时的问答）。从这份记录得不够完整的对话中，也许我们可以窥见新加坡教育的一斑，也可以领略新加坡卓越校长的风采。

特别需要说明的是新加坡与中国国情不同，发此文的目的并非说明新加坡教育方方面面都要优于中国，而是希望对新加坡教育的"务实"精神有所了解。关于某些教育热点、难点问题的做法，不妨参照一二。

问：新加坡小学老师，一般一周要上几节课？

答：新加坡小学老师，是非常辛苦的，一周一般上近30节课。新加坡小学生，是从早上7:30开始上课的，上到10点钟为第一时段，共5节；接下来，休息半小时，吃吃点心，然后继续上6节课，下午1点半放学。课与课之间，是没有休息的。总体来说，新加坡的老师是很辛苦的。

问：孩子们下午1点半之后，都回家了吗？

答：放学后，一般有这样一些情况。一部分学生回家自己安排时间，一部分学生留在学校，由社会机构组织的托管中心来托管，还有一部分学生参与体艺活动。说到托管中心，这里特别解释一下，在新加坡，老师是不参与这样的托管的。学生托管收费情况是不一样的，有钱的人需要交钱，家庭困难的孩子会由教育基金来出这笔钱。托管中心不上课，可以让孩子完成作业，讲讲故事，看看动画等。托管中心是招标产生的，也就是具有托管资质的单位向学校投标，价位合适的才会中标。（这样的晚托也是一个务实的创新。老师们劳累一天后，不需要留在学校里继续管理学生，政府出钱聘请高品质的托管中心，既保证托管质量，又能为社会提供很多就业机会，一举两得！——笔者补充。）

问：小学一年级也尝试这样的无休息的课程安排，孩子们能适应吗？

答：我们这里从幼儿园开始就尝试这样的作息时间。当然，一年级孩子一开始可能不太适应，我们会请一些老师协助，帮助孩子们适应这样的学习生活。再给低年级的孩子适当的活动化教学，孩子们慢慢地就适应了。

问：新加坡老师课程多，老师的教案比较简单，培训和教研活动怎么搞？

答：新加坡老师也有教学研讨，同学科、同年级的在一起研讨，但总体教研时间相对中国少一些，几百人的大型观摩课几乎是见不到的。新加坡老师有一个100小时的培训制度。我们还是很重视教师培训这块的，尤其是对新教师的职前培训。新加坡采取"先入职，再培训"的模式，面试合格被批准后，即拥有了公务员和师范生的双重身份，被派往国立教育学院接受职前教育。培训合格后，再进入学校作为"合约教师"——相当于见习期，见习合格后再授予教师资格证书。新加坡也欢迎各个行业的人，充实到教师队伍里来。

问：新加坡学校的一周课程表怎么排？

答：根据教育部的教学计划，每周以课程总量时间来计算，各校可以灵活安排。一般来说以30分钟为时间段，有些课30分钟，有些课60分钟，有少量课是90分钟。

问：新加坡老师工资一般是多少？

答：一般刚入职老师的月薪在3000新元左右（约合人民币14000元）；后面随着年资的增长会逐渐递增。校长的月薪一般在12000~13000新元，最高的年薪相当于人民币100多万元。

问：新加坡老师能否从事家教？

答：据我所知没有人做家教，处罚很严重的。新加坡老师得到校方的允许，每星期可以兼不超过2小时的补习课——不过不能教本校的学生。如果给本校学生补习，那也是义务性质的。到了节假日，因为教师工资相对比较高，一般都会出去旅游放松放松。因为平时的紧张让老师们的弦绷得很紧，他们确实需要放松。老师也是人啊！

问：新加坡学校怎么考试？

答：新加坡一般有两次大考。一是年中考试，一般在6月份；二是年度考试，一般在11月份。平时考试占5%，年中考试占20%，年末考试占75%，然后综合评定。

问：新加坡一年有几个学期？

答：一共有四个学期。

1—3月　第一学期，放假一周；

3—5月　第二学期，放假两周；

6—8月　第三学期，放假一周；

9—11月　第四学期，放假六周。

第二年的1月2日开学。

问：平时老师去不去学生家里家访？

答：我们一般不会去家访。每年会有三次家长会：年初一次；年中进行一对一的反馈，请家长来学校，我们详细告知孩子的在校情况；年末一次。平时也可以通过电话、电子邮件等进行沟通。一般跟家长通电话，我们都会让同事在边上做一些简单的记录。用电子邮件和家长沟通的比较多一些，便于留存档案。

问：安排学生分快慢班，会不会有家长投诉学校？

答：不会，因为学校会派最好的老师教学习能力弱的孩子。家长会感受到学校和教师的诚意，家长会信赖学校的选择和决定。家长会觉得，与其和程度好的孩子在一起学得很困难，不如早分班让孩子尽早寻找合适自己的课程。

问：据说在新加坡有一份《教师手册》。这份手册有哪些内容？为什么要制定这份手册？

答：《教师手册》一般会有这样一些内容：全年年历、重要活动日期、全年工作计划、教师守则、教师工作小组名单、行政程序、课程辅助活动安排表、各类表格样本、学校安全措施……有了这份《教师手册》，教师会对一年要做的工作以及工作的标准一目了然，尤其对新教师的帮助会非常大。

其实新加坡还有一份《学生手册》。有这样一些内容：学校使命、愿景、价值观、学习作息时间、校规、各科成绩目标、成绩指标、考试守则、日志、功课表、反省表。这个反省表，简单说一下：家长有什么意见想反馈给老师看，老师有什么想法要与家长沟通，都可以在日志里记录。

问：您说您退休后曾经在河北保定担任长城学校的总校长，但后来为什么辞职了？

答：离开保定是因为学校的定位已经基本完成。后来学校的运作，我已经起不了大作用，加上学校后来发展的重点与我的想法不太吻合，我也十分想家，就决定回新加坡了。总体来说，我不后悔这一段在中国合作办学的日子，它让我们更加深入地了解了中国学校的管理制度和中国文化。其实每年休假，我都会去中国，中国的很多名山大川都留下我的足迹。我也很愿意和中国人交朋友，欢迎大家周末有空来我家做客。

问：您是新加坡华人，您平常在家里说华语还是说英语？

答：我们全家都是新加坡华人，我认为华人就必须说好华语。虽然我是华人，但我内心里流淌着中华文化的血液。我有两个儿子，他们从小英语和华语两种语言都学，他们在家里说华语，在单位说英语。后来孩子们相继成家立业，但我要求儿子和媳妇在家里必须说华语，这是我的家规，家规必须遵守。两个媳妇开始有些不习惯，后来见我态度坚决，就习惯成自然了。

问：您退休后在家做些什么？

答：读读书，拉拉琴，跑跑步，遛遛狗，和太太一起出去走走，偶尔到中国或者新加坡的一些学校讲讲课。最近一段时间给中国留学生班的校长、老师们讲课比较多。每次的课程，我都会更新一些新内容，我希望将新加坡学校管理的精髓和大家毫无保留地分享。

中国·新加坡两国
教师评价初步比较

在新加坡学习了近两个月，聆听了几十场报告。这些报告几乎涵盖学校教育领域的方方面面。通过这些报告，我们对新加坡教育体制、学校管理、课程设置、教师培训、21世纪关键能力与学生发展等领域有了鸟瞰式的了解。此文主要围绕"教师评价"这一领域，采用中国和新加坡教师评价机制和指标对比的方式谈几点见闻与思考，供相关教育主管部门、校长以及教师参考。

一、新加坡教师考核表长什么样

有幸要到一份新加坡《教师工作计划、检讨、评估表》。可以说这份有些繁琐的表格（压缩后，还有9页），比较全面地展示了新加坡教育核心价值观和教师发展观。

这份表格一共有七部分，分别为：

1. 教师个人资料。
2. 岗位、职责、任务。
3. 主要工作目标。

关于主要工作目标是这样提示的：

（1）与直属上司在学年开始前共同设定目标，年中进行进展检讨（一般为6月份），年终评估全年工作表现。

（2）依据教师等级的相应要求、岗位职责、学科与学校的长期工作计划，设定一年的工作目标。

（3）定期针对工作计划与目标进行检讨与反思，并记录在相应的栏目里。重点反思两个层面的工作：

①与设定的工作目标还有多大的距离？

②哪些地方做得好？哪些地方必须改进？

主要工作目标包括规定项目和自定义项目（其他）。

4.教学能力。

教学能力分为主要能力和其余四大能力组别。

主要能力是：培养全面发展的孩子。

（说明："没有观察到、在进步中、得心应手、超越"是对每个项目的四种能力水平的描述。）

能力分四个组别、12个子项目：

（1）培养知识层面（学科知识、分析思维、主动性、创意教学）；

（2）心智层面（了解大环境、协助他人成长）；

（3）与他人合作（与家长合作、与团队合作）；

（4）知己知彼（对自己的认知、正直人品、了解他人、尊重他人）。

每个子项目有五个能力层级描述，分别对应教师的五个级别。每个相关能力描述都有"学年中""学年终"的字样，每个能力项目都有达标与否的描述。

其中，针对"应用创意教学法，提升学生学习能力"是这样描述的：

（1）教师应用常态的方法讲课，并提供作业练习与讲义；

（2）应用单一的教学法教一个概念，用简单的提问来确保学生的学习；

（3）用一系列的教法来教单一的概念，用思考性问题来让学生内化概念；

（4）探讨超越课室的学习机会，用新颖有趣的教学法来介绍综合概念；

（5）鼓励并激发学生超越学校课程，成为有创意的自主学习者。

5.培训与成长计划。

这一块有教师的培训计划、培训时间记录、培训需求、培训成果、培训后的应用与成长等。

6.创新与改善。

记录这一学年在任何活动与工作上的创新与改善的成绩。

7.检讨与反馈。

教师与直属上司对下列几点的反思与意见：

（1）工作表现与各方面的提升；

（2）对事业前途的展望；

（3）强项、可改进的地方、专业技能的提升、挫折与障碍。

新加坡教育部有明文规定，《教师工作计划、检讨、评估表》属于国家机密，不得全文在公开场合传播，因此我所呈现的只是整个框架以及局部细节。

一斑全豹，这个考核表虽然不完整，但足以让我们看出新加坡教师考核的核心理念与价值取向。

二、从中新两国考核表看教师考评特点与价值取向

中国教师的考核表就不在此罗列了。参与过考核的老师都清楚，一张 8K 纸的正反面，教师的考核主要由教师基本情况、德能勤绩的综述和考核等次等栏目构成。透过两张截然不同的考核表，我们似乎看出两国在教师评价上的诸多不同之处。

1.中国教师考评重结果与等次导向，新加坡教师考评重过程与专业导向

从考核表的编制来看，新加坡的教师考核非常注重过程性与专业导向性。

先说过程性，这份考核表把工作计划、考核表以及自我反思整合在一起。二次考核是其最大亮点。第一次考核不计入年终考核结果，而是作为教师下半年自我调整的重要依据。第二次考核才计入最终的考核结果。这样的二次考核由"工作目标—过程管理—反思总结—反馈互动"构成一个完整的流程，环环紧扣，非常扎实。

再说专业导向性。考核表中的核心能力和能力组别，其实就是学校对教师工作的具体要求，有很强的导向作用。最值得借鉴的是这些导向不是以口号的

形式出现的，而是以不同层级的教师必须达到的行为标准来呈现，它指向于怎么做，这份计划与评估表相当于"教师工作手册"。不同层级的教师拿到这份计划与评估表，再对照标准与计划，大抵就能知道这一年要做什么和怎么做，整个工作流程一目了然。

说实话，中国大部分学校对教师的考核基本上是考核表填完，考评组分出优秀、合格或不合格，再象征性地让老师签一下字，考核表天命结束之后就在档案袋呼呼大睡。由于中国教师晋级制度中有三年内必须有一个考核得"优"的要求，不少领导和教师就以"排排坐"的方式将"优秀"摊派给即将评职称的老师。这样的考核只重结果，缺乏导向，形同虚设。弄不好甚至会产生副作用——真正优秀的没有评为优秀；表现平平的却评为"优秀"。这样的考评远离初衷，不如不评。

2. 中国教师考评师德为先，新加坡教师考评师能为核

中国的教师考核把师德放在突出的位置，德能勤绩四个维度，德永远是放在第一位的。不少学校在考核中有"师德一票"否决的制度，"师德为先"的核心地位由此可见。这当然无可厚非，因为中国历来把"道德"置于首位，"德者，才之帅也"（司马光《资治通鉴》）。

奇怪的是我反复阅读《教师工作计划、检讨、评估表》，从头至尾没有出现"师德"字样。我想新加坡教育部一定也是注重师德教育的，只不过他们没有把师德单独拎出来。师德，渗透在核心能力和各能力组别中。从对核心能力的表述中我们不难看出，新加坡教育部对教师的师德要求是非常严格的，"师能，是最大的师德"大概是新加坡政府对教师的要求。正如多位老导师在讲课中提到的，一个老师能力平庸就是最大的失德！真正师德高尚的老师，其师能也必定是高超的，正如司马光在《资治通鉴》中说的"才者，德之资也"！

没有才，德何存？为人如是，为师更甚。师德不是"教育"出来的，也不是"叫育"出来的，而是在育人的大事小事中修炼出来的。

3. 中国教师考评相对模糊，新加坡教师考评相对精准

中国的教师考核大抵分为两部分，一是看考核表以及所提供的业绩材料，二是民意测验。二者相加，最后评定优秀、合格或是不合格。至于两部分指标的权重是多少，看各校的考核制度而定。对考核表各项目的赋分，相信绝大多

数学校是相对科学的。学校一般都会通过教代会将考核标准提出来，举手表决通过后方可实施，而民意测验就是一笔糊涂账了。民意测验往往很难真正代表民意，它只能靠印象与直觉测出这个人在团队中与他人的和谐度、融合度。性格随和不得罪人的人，一般民意测验票数会高，但这样的人就一定优秀吗？（当然，教师队伍中也不排除大量人缘好，能力强，工作也负责的人。）个性鲜明、独来独往或者不太有时间经营人际关系的教师就会相对吃亏。（事实上这些有想法、有个性、不从众的老师，往往不乏优秀者。）如果考评组将民意测验的权重提得很高，这样的考核就有被民意测验绑架的危险。最终以民意测验为主要导向的考核机制，也许会纵容靠人际关系而不是凭真本事吃饭的老师。教师考核中的民意测验权重几何？真得要好好掂量。

新加坡的考核有没有民意测验？问过多位讲课教师，回答是——没有！

没有民意测验，用什么客观评估教师的工作？

一切都在《教师工作计划、检讨、评估表》中！这份评估表相当全面，除了教师教学核心能力之外，还有其他模块的能力。例如，在"团队合作"这个项目中，对最高级别教师的描述是这样的："凝聚成员，让他们因成为团队一分子而骄傲。为团队及成员的成就感到自豪。能指出团队里出现的问题，并能协助团队解决问题。"团队意识、大局观，也是新加坡教师考核的重要内容。这大概和我们中国的"民意测验"相类似，只不过它只是教师考核权重中很小的一块，而不是被无限放大。

同样在"创新与改善"这部分，我们关注到了学校对教师参与集体活动的次数以及贡献率的重视。记得新加坡中学洪澜老师在《新加坡普通教师的一天》的报告中提到，学校对一线教师的考核中关于贡献率是非常重视的。她介绍一线教师每年会承包一两项大型活动，比如新年庆祝、中秋节庆祝、学校开放日（大型和小型）、学校颁奖日、艺术节、体育节、校庆、区域学术交流、母语双周、高等教育宣讲日、中一至中四学习之旅、学生毕业派对……教师事先根据自己的能力及兴趣点制订申报方案，每一项方案都需要 A、B 计划，即同时考虑晴天和雨天的活动。方案通过后，就是制作海报、招标领钱、前期宣传、具体实施、反思评价等。这个过程非常繁杂，考核组会根据教师在这个项目中的实际贡献率对教师进行奖励。

对于这份考核细则，新加坡的老师们也颇有微词。其一，活动项目多、过程极为繁琐，每年教师为填写考核要耗去很多精力。其二，直属领导权力太大，考核结果可能会受制于人际关系。一旦和直属领导关系搞僵，有可能最终考评结果会有失公允。不过新加坡考核制度中有一个"上诉"的机会。亦即，如果你对今年考核等第不满意，可以向考核组上诉，考核组再组织人员复评。

"一般来说，大部分维持原来的考核结果。因为我们的考核组还是相对公平的。当然也有上诉成功的。"洪澜老师这样告诉我们。

特别值得一提的是，新加坡的考核结果是直接与第 13 个月的"花红"（亦即我们这里的"绩效工资"）挂钩。而且"花红"的差距会很大。

三、新加坡教师考核制度给我们的启示

本文无意于用新加坡的教师考评制度贬低中国的教师考评制度，妄自菲薄和狂妄自大都是不足取的，况且任何制度都不会十全十美或是一无是处。中国的考评制度相对简单，容易操作，不需占用教师太多时间，这是其优势。我想考察学习的意义，不在于简单克隆他山之石，而是学习其价值观和方法论。

新加坡的教师考评制度给我以下几点启发：

1. 从发现教师到发展教师

考评教师的唯一目的是更好地激励和促进教师的专业发展。考评应该是教师专业发展的"阿基米德点"——通过考评帮助教师发现专业优势，巩固职业自信，寻找发展方向，开拓发展空间，进而帮助每一个教师遇见更好的自己，这应该成为教师考评的应然追求。好的教师考评，应该是让不同层面的教师感恩考评组对自己的肯定和帮助，而不是考评结束后觉得委屈乃至郁闷。考核组应该是教师发展的首席顾问，而不是审判官。

2. 学生为首，能力为核

虽说是考评教师，但还是要始终把学生的发展放在首位。因为教师工作的一切落脚点都是帮助学生成长。考核组要以教师是否帮助学生全面发展作为主要指标来考量教师的实际业绩。同时要重视师德，但切不可架空师德，而要把教师的实际工作能力、专业水准和实际贡献、实际影响力放在首位。教师的能

力和业绩永远是考评的核心所在。

3.适度模糊，追求精准

考评可以保留民意测验，但切不可被民意测验牵着鼻子走。大幅度降低民意测验的权重，多一些精准化的项目评估，以事实、数据说话，以被考评人为团队建设和服务区域所作出的努力与实际贡献说话。每一名教师都应该在考评后拿到一份个性化发展报告，这才是考评最大的价值！（这里顺带说一下新加坡的校长考核。导师胡春河先生多次说起，新加坡对一个校长的评价是由教育部组成考评委员会进行全方位的考评，不需要对教师进行民意测评。导师认为考评校长是很专业的事，专业的事需要专业的人来做。）

概而言之，教师的考评是系统工程，不同国家、不同地域、不同学校有不同的价值导向和考评机制。但任何看起来很复杂的事只要抓住了规律，就能"提领而顿，百毛皆顺"，教师考评工作也不例外。一切，浓缩成四个字——

目中有人！

我国港澳台地区与新加坡华语教师备课管理比较

和几位朋友探讨教案问题，大家提及：我国港澳台地区与新加坡等华语教学地区的教案长什么样？他们的教案是怎么管理的？

恰好这几个地方都有朋友在，于是通过微信采访和文献阅读，获得了一些有意思的信息。

（一）

先说香港的备课。

香港王清凤老师曾经参加过内地中小学青年教师阅读教学观摩活动，当年她以一节新颖的读写课引起小语圈轰动，她这节课并未反复试教，只简单上了几遍。

以下是清凤老师对香港备课情况的介绍。

祖庆，你好。

据我所知，香港应该是所有学校都会有既定的观课制度，主要是校长或教务主任、科主任来观课，观课时一般会请老师交上课的教案。但平日的教学一般不需要写教案（因为香港老师课担重，每星期要上的课比较多）。

我们学校即使是观课也不需要教案，观课的老师只会填一份观课表。

更多的教研放在课程设计、活动安排及工作纸的设计上。老师设计工作纸后，要经所有同级老师给意见、修改，再让科主任批准。这个过程已体现了对教学重点的讨论。

再看台湾。

葛琦霞老师是台湾资深教师，她的绘本戏剧教学在台湾以及大陆都很有名。

以下是我和葛老师的对谈。

葛老师：台湾老师进行的教案设计不需要给上级长官看，但是每学期的课程规划要在寒暑假完成，开学后要公布在网站上。

张祖庆：嗯，这个很重要。记得芬兰也是这样的，而且要隆重地评审与答辩。

葛老师：平日的教学按照课程计划进行，但其中每堂课的教案由老师自己负责。台湾还没有这么严谨，但是学期课程需要审核。

以下为台湾中小学"课程计划格式与审查机制"的部分内容：

1. 依据中小学九年一贯课程纲要规定，各中小学应于学年度开始前将学校课程计划送所属教育行政主管机关备查，十二年基教课纲延续相关规定，规范学校课程计划应由学校课程发展委员会通过后，于开学前陈报各处主管机关备查。

2. 为符合学校本位课程设计及地方教育之多元特性，课程计划撰写格式及应包含之要件自九年一贯课程纲要实施起便无统一之规范，各地方政府可检讨现行之运作方式，以落实十二年基教课程纲要精神为目标，调整推动。

3. 教育部门亦将针对十二年基本教育中小学阶段课程计划备查事宜研拟相关参考规范。

再来看看澳门。

我访谈的是培正学校的施老师，她从中国内地过去学习，后来留在了澳门。

施老师介绍澳门公立学校的教师是公务员，老师们按照政府规定填写与备课相关的表格，不需要一节课一节课地去备。

澳门特别行政区政府试行"基本学力"要求，在一部分"先导学校"（相当于内地的"实验学校"）搞试点，由"教育青年局"统一发放相关表格。这个表格相当于年度课程规划。暑假里，教师需要完成年度"教学计划预算表"——实际上是课程计划，里边有学段教学目标、单元安排、周次安排以及需要达成的学力目标对应编号。

课时教学安排总体比较简单，包括大致的活动安排和教学支援——是"支援"，不是"资源"（课件、教具、文本、网址、工作纸等）。

学年结束要上交一份"实际教学进度表"，对比教学预算表和实际进度表明确出现哪些偏差，便于来年调整与改进。

问及备课怎样管理，施老师告诉我，一般来说由"教育青年局"组织专业人员到学校去督导，查看进度了解实施情况。

再看新加坡。

通过微信访谈了新加坡某中学一位资深教师。该教师十多年前从中国来到新加坡。

以下是我们的对话：

新加坡老师：领导不检查备课笔记的，新加坡老师也没有备课笔记。

张祖庆：会对老师的课程规划进行审核吧？

新加坡老师：一般我的主任一年听我一次课，有个简单的表格填一下就行了。课程规划叫 SOW（scheme of work），这个是要主任审核的，不过这个很简单。

张祖庆：主要审核什么？

新加坡老师：一般是第几周教什么课，用什么材料，采取什么教学策略……

（二）

对比我国港澳台地区与新加坡等华语教师的备课及管理，我们发现了一些共同特点。

第一，注重课程整体设计和学习资源的开发。

我国香港的"全年计划""学期进度表"、澳门的"年度教学计划预算表"、台湾的"年度课程计划"和新加坡的"课程规划"都非常重视课程的整体设计，要求教师认真研读"课程标准"（各地叫法不一样，但实质一样，相当于课程总纲），对本年度的教学目标、课程进度、教学资源、师生活动、教学评价等做出整体的规划。

记得之前访问芬兰，发现芬兰的课程管理和这几个地方高度相似。他们都十分重视教师对课程的整体规划。

这样的整体规划不是做表面文章，简单列个表格就完事，而是要做大量细致的工作。从这个角度来说，这样的备课并不比中国内地（大陆）的轻松。

据几位老师的介绍，做这份"年度规划"是很用心的，需要教师通力合作对本年度课程内容做深入研究，然后反复研讨，制定切实可行的教学进度表，开发相关教学资源。

最关键的是他们的力气主要花在教学资源的准备上：用什么补充文本，做怎么样的课件，制作什么样的教具，链接什么样的学习网站，怎样设计体现学习过程的"工作纸"（相当于学生的随堂练习）。我看过深圳李祖文老师的"工作纸"，每学期的寒暑假，他大概需要花至少十天时间准备他的工作纸，这样的工作纸就是一份完整的学案。

第二，教师具有高度的课程开发自主权。

相关教育部门以及学校行政管理者对教师的备课是粗放式管理，充分体现"抓大放小"的总体原则。

他们高度重视的是纲领性的东西——"年度课程规划"，规划相当于总纲领。这一年教什么、为什么教、教到什么程度，来不得半点马虎。台湾的"课程计划"是要传到网上审核，通过后供同事下载、使用。

同样，我国澳门、香港地区和新加坡等地对教师的年度课程计划（规划）的执行情况都是要认真督评的。

这些地方的备课管理有一个共同特点：对每节课具体怎么备要求相对比较宽松，基本不检查。一者，教师课务重，没有那么多时间写繁琐的教案。二者，重视职前培训，教师专业素养相对较高，教育部门和学校行政管理者高度信任教师，给教师相对宽松的课程执行权。只要总体课程计划没问题，不同的教师可以有不同的教学呈现。三者，教育主管部门鼓励教师在课程框架引领下创造性发挥，开发属于自己的独特的师本课程。

第三，注重整体性评估，帮助教师更好地改进教学，促进学生优质学习。

这几个地方对教师教学工作的考核注重整体性，重视教学的全程管理，而不是对某节课是否高效、精彩过多关注。

新加坡的教学管理任务主要落在学科主任身上。学科主任一般一学年听相应学科教师的一次课。教学管理方式主要是通过抽查学生的文件夹，检查文件夹里的各种练习，了解教学的执行情况。

香港也有观课制度，观课的主要目的是促进教师的专业发展。他们把更多的目光聚焦在课程设计、工作纸设计上，而不是研讨教学方法、教学艺术。研究的主要目的是更好地帮助教师改进教学行为，促进学生优质学习。

他们不太注重反复打磨一节具体的课，那种为了一节课获大奖而不惜耗费半年时间打磨三四十遍的行为，他们觉得匪夷所思。

（三）

综观我国港澳台地区与新加坡的备课管理制度，对我们至少有以下几点启示：

第一，备课导向：从重单课研究转向课程整体规划与设计。

过去，我们更注重的是把每一节课备好，备精彩，但往往忽视对全年乃至整个学段教学要求的把握。我们过于追求格式完整——有课题，有学情分析，有教学目标，有重点，有难点，有课时安排，有教具准备，有教学流程，有作业设计，有板书设计，有教学反思；过于强调教案具体——一篇课文的完整设计总得有个一两千字，而且不少地方要求字迹工整，因为领导要检查。过于强调每节课的具体细致，而课与课之间的联系往往被我们忽略。

我们今后的备课改革，可否把重点转向全年的整体规划？这样从机制上促使教师对教材做鸟瞰式的整体把握，同时也留出了较大的自主空间，让每一位教师充分发挥自己的主观能动性和创造性。

第二，备课重心：从重流程设计转向重学习资源开发。

过于精细化的单节课备课管理，使教师往往站在教的角度去过多关注每个环节设计的"精彩"。基于这样的教案，教得可能是精彩的，但学生学习是否真实发生就很难说。因此，我们可以适当学习香港的"工作纸"、澳门的"学习支援"等理念与做法，把学生学习的过程充分展开——学什么、怎么学、借助什么工具学、拓展哪些学习资源等。

第三，教案格式：从一刀切逐步走向个性化。

我们的备课完全可以学习香港等地的做法，在整体精心规划的前提下，对不同师层提出个性化备课要求，书头摘录、活页备课、修订老教案、PPT 等都可以。

刚步入教师队伍，教案还没有入门的教师，必要的规范教案需要写个三五年，不仅是必要的，而且是必须的，这是职初教师的基本功。如果连基本要求都没有，个别教师会以个性化教案为名懒于备课，这是需要警惕的。

第四，教案管理：从局部监控转向整体督评。

对教师的教案管理要从过去的"精细监控"逐渐走向"整体指导"。要把检查一节节课具体教案的时间转移到对全年课程规划的评审上来。课程规划是纲领，纲举而目张，重点关注：落实什么目标、引进什么文本、链接什么资源、如何创意教学……

同时根据不同层级教师尝试不同的管理。职初教师多听课，助其上格；骨干教师偶尔听课，助其定格；卓越教师示范教学，形成风格。

对于教学反思不要搞形式主义，不要再去关注每课后面两三行字的反思。真正需要关注的是教师对整个年度教学计划的执行及反思，以及对某些关键事件、场景、细节的深度反思与改进计划，以便于下一年度的调整。

地域不同，情况不同，教学评估机制也不同，很多模式不能机械照搬。但是，他山之石，可以攻玉，有些东西是可以适度借鉴的。

莱茵河治污与
学科质量管理

    莱茵河发源于阿尔卑斯山，流经瑞德法荷等欧洲9国，全长1320公里，流域18万平方公里，服务5800万人，其运力是长江的6倍。沿岸有5大工业区，20%的世界化工品在这里生产。

    莱茵的欧洲古语意思是清澈明亮，200年来的莱茵河畔，歌德、席勒、舒曼、贝多芬、黑格尔、恩格斯等巨匠熠熠璀璨。但是，欧洲人有段时期没有善待他们的"莱茵老爹"，抛弃了对"父亲河"的敬畏，19世纪中叶的二次工业革命对莱茵河的攫取破坏达到了顶峰，6万多种化学品导致莱茵河水质急剧恶化。莱茵河也像我们身边的一些河流一样历尽劫难，它成为了欧洲国家的下水道，水质污浊不堪，恶臭四溢，水生动植物基本消失，生物学家曾痛心地宣布莱茵河的死亡。

    1986年11月1日深夜，瑞士桑多兹化学公司的火灾爆炸对莱茵河造成灭绝性污染，莱茵河迎来了新生的转折点：2000万以此为水源的人们品尝了自己亲手种下的恶果后终于梦醒了。正如汤因比讲的，"人的罪恶缘起于内心的贪欲和自我中心主义"，这恐怕也是人类在认识环保的道路上的通病。

在此后的 40 年，这里掀起欧洲环保史上最伟大的治理行动，莱茵河由死复生，达到饮用水标准，标志性鱼类鲑鱼迴游。从这一世界大河成功治理的典范和教科书中可以读出，一潭死水也可治，纵然覆水亦能收。

欧式治水，招招发力，见血封喉。细细梳理，窃以为如下几条治理措施最为关键：

（1）设立保护莱茵河国际委员会，制定包括水质可饮用、鲑鱼回家等极具挑战性的目标，并监督成员国立法兑诺。

（2）设立 8 个国际水质监测站，时刻抽检 400 种物质 250 个样本，一旦出现异常，"神经雷达"将 1 小时内用 3 种语言报警全域，环保警察迅速出动查处肇事者并通报媒体，让其倾家荡产。

（3）建立鱼道鱼梯恢复河流自然状态，鼓励发展有机农业，老工业基地退二进三。

（4）众多的环保教育基金会像传道士一样为小学生开设环保课程。

这四条治理经验蕴含着非常重要的管理智慧，体现了系统治理的环保理念。

一是制定治理标准；二是建立监控体系；三是恢复河流生态；四是实施可持续治理。

缺失了任何一条，莱茵河治理都不会成功。

莱茵河治理让我联想到中小学学科质量管理。教育质量管理部门完全可以从"制定学科质量标准—建立科学监控体系—建设课程生态系统—倡导绿色教育质量"这四个维度，科学地进行学科质量管理。

第一，制定学科质量标准。很多教师往往将课程标准当作学科质量标准，实际上这是两回事。课程标准是对教师教学的指导纲要，更多地指向教师的教学；而质量标准是学生学习质量的标准，更多地指向学生的学习：两者之间存在着巨大差异。教学管理人员的一项非常重要的工作，就是将课程标准中的相关学习要求转换成可以量化考核的质量指标（既有量的指标，又有质的指标）。比如语文学科，可以从识字量、口语交际水平、书写质量、背诵积累量、阅读量与速度、写作量与质、综合性学习态度与质量等维度，对每个学年学生学习质量标准做出比较细致的规定，这样一线教师才能心中有数。

第二，建立科学监控体系。这里的"科学"有二层含义：一是监控的标准要科学。质量管理部门要根据质量标准，制定合宜的口头与书面的质量检测标准。这个标准要和老师们反复讨论，形成相对稳定的质量检测标准。这样老师们在教学的过程中才会紧扣标准教学，而不是很功利地猜测教研员命题的风格（香港在这点上做得很好，设有专门的命题专业委员会，命题指导思想和命题风格基本统一，老师们在学期之初就有明确的方向）。而内地大部分地方，命题由教研员一个人说了算，教研员的个人命题风格与导向直接影响着本地区该学科的教学生态，这是很可怕的一件事。如果该地区教研员的命题和当前的核心素养理念是一脉相承的，那是教师之幸。可是谁又能保证教研员一定是该地区的学科风向标呢？二是监控的流程要科学。质量监控不仅仅是终端的纸笔监控，更应该是一种过程与结果相结合、口头与纸笔相结合、分项检测与综合检测相结合的监控。目前，大部分地方的质量监控往往不分城乡，不分生源，只在学期末组织一场声势浩大的统考，而平时的学习质量却失去了监督。其实日常的分项检测，只要把好关口，由学校实施，完全可以取代期末的统一检测。科学的监控流程应该是过程大于结果的，应该是阶段性监控和终端监控相结合的。北京等地取消小学阶段任何形式的统一考试，应该是比较积极的尝试，江苏吴将实验小学推出的"一师一卷"也是颇有新意和实效的。

第三，建设课程生态系统。课程是一个自组织系统，生态系统的任何一个链条遭到破坏，都会导致整个生态失衡。一味地把目光聚焦在课堂，一味地把注意力聚焦在考试，势必会忽视课堂和考试以外的生态因子，而这是非常危险的。相当多的教研员和老师以为只要抓了公开课的教学研讨，质量一定会提高，这是非常偏颇的。曾经和台湾李玉贵老师讨论，我提到："我们的语文研究有一个很不好的倾向，那就是断章取义——离开日常的课堂，孤零零地研究反复打磨的公开课教学，这是最致命也最危险的。我以为语文教学研究未来的方向，在散发着田野气息的一线原生态课堂和课程建设，而不是在象牙塔里研究艺术课。那样的研究一定会走入死胡同。"相当多的地方行政领导或学校校长以为抓牢了考试，学生成绩一定会好。而事实有时候恰恰相反，过多一刀切的统一考试，人为地增加了师生的焦虑，破坏了学科生态，学习质量反而下降。浙江某市一实验小学从来不组织学生进行统考，但是在2013年底组织的学科质量抽测中，四门学科中有三门在地级市抽测中排名第一（其中一门第二），原因何在？原因恰恰在于学校从不组织统一考试，老师们严格按照学校的质量检测体系，以学生不同阶段的学习力提升为核心，八仙过海，各显其能，把该做的事情做到位，切实抓好课程建设，让每一门学科都回归其原有的生态，考试结果则水到渠成。

第四，追寻绿色教育质量。教育质量绝不仅仅只是考试成绩，以牺牲学生学习幸福感和持续学习动力为代价的考试制度，实质上是把学生推向厌学的深渊，学生除了考试成绩一无所有。过多过滥的统一考试让教师不得不急功近利——考什么教什么。很多时候，复习阶段的教师往往把大量的精力花在后进生身上，优等生成为少数的"陪太子读书"者。这样的炒冷饭式的复习，人为地破坏了学科生态。因此我们说，质量管理要像莱茵河治污一样着眼于长远。几年前，杭外学生在首届央视《中国汉字听写大会》包揽冠亚军，让人们对该校的语文教学产生了极大的兴趣，教研组长倪江老师的观点是：语文学习要靠"大量的高品位阅读去覆盖考题"。一旦你走进杭外学生的教室和阅览室，你就会惊叹于学生的阅读广度与深度。有了这样的高品位阅读，孩子们的学习能力怎么能不强呢？真正重视了阅读，学生的各方面素养都上去了，考试成绩也就不用担心了。从这个意义上说，走阅读课程化之路，让每个学生爱上阅读，进行大量高品位的阅读，应该是走绿色质量之路的不二法门。

也许以上所说，只是听起来很美的梦想。可是梦想是要有的，万一实现了呢？

谨防学校教育的
"油腻现象"

（一）

在新加坡访学三个月，意外地学会了烧菜。

在公寓食阁吃了一周饭菜，满嘴油腻。于是买来炊具，学着烧菜。下载"下厨房"APP，边看菜谱边烧菜，常常闹笑话。

第一次学烧黑胡椒烤虾，黄油放得太少，锅底温度太高，结果虾烤焦了。全部倒掉，甚为可惜。后来就特别关注：什么时候热锅，什么时候放油，放多少油；也特别关注放油时，是大火、中火，还是文火。渐渐地对如何用油有了一些心得，菜也渐渐入味。

邀几位同学小聚，居然夸我烧得好。虽然我知道这夸赞更多的是鼓励成分，但也窃喜。毕竟这是我第一次独立做一桌菜。

虽然油不是每道菜都必需的，但大部分菜都离不开油。

油脂沸点高，加热后能加快烹饪速度，缩短烹调时间，保持原料的鲜嫩；适当地掌握加热时间和油的温度，还能使菜肴酥松香脆；不同的油用在不同的菜上，使得菜肴呈现洁白、金黄、深红等色泽，菜品的味道也因为油变得多姿多彩；油还可以增加食物的营养成分，在烹饪的过程中，脂肪渗透至原料的组织内部改善了菜肴风味，补充了某些低脂肪食品的营养成分，提高了菜肴的营养价值。油的作用，不可小觑。

后来越钻研，越感觉用油，确实是一门艺术。

什么菜用什么油，需要科学搭配。大豆油适合炖煮蔬菜；花生油是最美味的炒菜油；芝麻油是凉拌食物的首选；橄榄油可以炒菜也可以凉拌；调和油则根据需要将不同类型的油按一定比例调和，用来熘、炒、煎、炸……合适的油，烧合适的菜，味道才会上佳。否则用错了油，菜的味道就会打折扣。

（二）

"治大国如烹小鲜"，这是领导艺术。"做教育若烹小鲜"，则是教育者的追求。

"烹小鲜"当然离不开油。油不是主食，是调味品，是媒介，是起催熟、催嫩、催香作用的物质。

教育中的"油"，应该也是调味品、媒介，起着催化教育效果的作用。具体来说，这里的"油"可以是一次别开生面的活动，可以是一首歌、一幅画、一首诗，乃至一个故事、一道景观、一处布置……这些元素都能对教育造成影响——当然这影响有正面的，也有负面的。

油用得适时，温度适中，用量适合，则菜肴美味有加（教育效果会事半功倍）；若油用时不当，温度不适，用量不对，则会烧坏一盘好菜（教育效果事倍功半）。

（三）

想起若干年前观摩某所学校的"感恩教育现场会"。

校园里到处张挂各种感恩教育的标语，学生穿着后背印有"学会感恩"的统一服装。现场会放在操场上开，主办方请来著名的感恩教育专家某某某给学生做一场"学会感恩"的报告。

主讲人的演讲水平没的说，抑扬顿挫的标准国语，丰富多彩的肢体语言，配上几段催泪的视频，报告进入后半段，操场上的大部分学生一直在痛哭。这还不够，会议最后安排了家长和孩子现场互读感恩节写给彼此的信，会场气氛达到最高点。

这样的活动让人热泪盈眶、热血沸腾。不少观摩的校长、教师都深受感动，觉得该校的感恩教育做得真好。

观摩会后，我总觉得有些不对劲。哪儿不对劲？当时也没想明白。现在想明白了，这样的"感恩教育"，"油腻"过度了。

感恩教育应该渗透在日常的教育细节中，如涓涓流水，滴水穿石；感恩教育应该隐藏在平平淡淡的小事中，润物无声，潜移默化。而这所学校把感恩教育变成了感恩"叫育"，感恩"叫育"让感恩变成了一场作秀，变成了集体表演，标语、演讲、流泪、读信，这些都是教育中的"油"，油用得过多、过滥、过于集中，于是变得"油腻"不堪。

同样是感恩教育，我们在考察新加坡宏文学校的时候发现了一些比较有意思的做法：

学校正门有一个水池，几股喷泉日夜喷涌，喷泉之间有一块石头，上面刻着"饮水思源"四个大字。校门正对面立着两块屏风，上书"滴水之恩""涌泉相报"的对联。

▲ 饮水思源

校门右侧的墙壁上刻着学校捐赠榜——凡是对学校捐助超过一定金额的都上榜，走进校园，随处可见以某个人命名的楼道、连廊、教室、场馆。

▲ 捐赠榜

▲ 以捐赠者命名的场馆

校长告诉我们，用这样的命名是为了让学生明白，学校的每个角落都凝聚着无数人的汗水与爱心。这样的感恩教育不会让人流泪，但却会让孩子们铭记在心。这样的教育不油腻，有实效。

（四）

好的教育需要适度创新，好的教育也不排斥适度表演，但是好的教育，更需要在日常教育场景中以最朴素的方式存在。

教育生活中的"油"，应该是适量、适时、适度的，而不是作秀时随处可见的各种各样的"油"——橄榄油、菜油、花生油、茶油……油多可能导致油腻，更会导致食而不化，甚至吃坏肚子。

这次新加坡访学，我们走访了一些学校，关注到了以下细节：

细节一：

圣诞节前夕，我们走访新加坡云海小学，学校大厅前方有一棵很大的移动"爱心树"。

学校会在新年或者其他一些重要的节日把它放出来，让不同民族的小朋友在这棵树上挂上他们的祝福卡片，学校特别鼓励把卡片送给其他民族的朋友。得到祝福卡片的小朋友，可以把卡片取下来珍藏。

细节二：

1月底，我们参观新加坡宏文学校。图书馆正门进去，一个精致的橱柜映入眼帘。

橱柜占地约三平方米，分为上下两部分。下方共四排书架，分别摆着中文、淡米尔文、英文、马来文的书籍；上方共四列橱窗，分别摆着中国、印度、新加坡、马来西亚四国的传统饰物。这样的图书馆布置可谓独具匠心。

新加坡是一个多种族国家，华族、印度族、马来族是他们的主要种族，英语是他们的官方语言。

宏文学校在图书馆里布置这样一个橱窗，让不同种族的学生以包容和尊重的心态对待不同种族的伙伴。云海小学则以赠送节日礼物的方式，巧妙地把种族和谐教育以喜闻乐见的方式呈现在孩子们面前。

这样特别的橱窗，这样特别的"爱心树"，相当于"调和油"，润物无声地把不同的油品调和在一起，让"种族教育"这盆小菜显得那样精致而风味独特。

（五）

在新加坡，我多次听到一个词语——"浸濡"。这个词语拆开来就是浸泡、濡染——浸泡就是长期沉浸；濡染就是耳濡目染。教育是慢的艺术，需要慢工出细活，需要平平淡淡，细水长流。

厨师用过多的"油"，希冀快速烧出琳琅满目的满汉全席，这恰恰违反烧菜的自然规律。同样的道理，在学校教育中企图通过"高大上"的一个个活动让教育效果立马显现，也是违反教育的自然规律。这样急功近利的做法，只能让我们的教育"油腻"无比。

慢下来，静下来，遵循自然规律，让教育远离"油腻"，在不断的"浸濡"中烹出一道道可口的"小鲜"。如此，教育幸甚，学生幸甚。

绿化战略与城市生态

一、大到让人吃惊的绿地

2017 年 11 月 10 日下午，顺利抵达新加坡。在昇淞超市附近的简陋公寓安顿下来后，已是深夜。

沉沉地睡了个好觉。许是生物钟的作用，11 日清晨 5 点 40 左右醒了。天还没大亮，整幢公寓楼已灯火通明。

起来喝一大杯水，穿上运动服，走进了新加坡的清晨。

街上人很少，车更少。在这里，你随便拐个弯，一块绿地就会扑面而来。沿着绿化隔离带与排水沟之间的水泥路绕公寓楼走了一圈。

天渐渐亮了。左右两旁的草坪格外葱绿，草尖上挂着水珠。刚下过雨，泥土与青草的气息钻入鼻孔，令人神清气爽。

两旁行道树格外高大，走在路上，恍若置身山阴道上。

信马由缰，继续走。随着视线的推移，发现几乎每幢房子之间都有一块绿地，看着舒服。

路左侧，有一条拐往左边的狭长小道，约有两百多米吧，不知通往何处。好奇心起，于是顺着狭长小道往前。

走出小道，眼前一片开阔！一块十几个足球场大小的绿地突然冒出来。据估算，绿地面积大约和天安门广场相仿。一条水泥路斜斜地穿过，路两侧种着整齐的树木。

哈，这里将成为我今后三个月健身的好去处。

毫不犹豫地踏上水泥路，走进绿地，恍若置身草原。绿地周围是居民区、医院和学校。忽然脑子里冒出一个好玩的念头：要是在杭州，这块地被开发成房产值多少钱？

估计得百亿吧？！

哑然失笑。真俗！

走着走着，遇见了出来晨练的余杭张校长，请张校长拍下了在新加坡健身的第一张照片。嘀，站在这样大得简直不靠谱的绿地中间，人显得格外渺小。

二、穿越麦里芝湖原始森林

12日，是星期六，课程尚未开始，在第一期培训班瑞安黄校长以及他的学生（新加坡在读博士生）带领下，我们一行五人踏上了麦里芝湖原始森林穿越之旅。

交通工具是轻轨。路两旁，楼之间，满眼绿。

转了两趟轻轨，很快抵达麦里芝湖。湖藏在森林中，没有游船，没有画舫，有些冷清。向导告诉我们，今天下雨，人少；要是往常周末，人很多。

雨有点大，忘了带伞。与乐清的薛校长共顶一把小伞，开始环湖绕行。路上不时遇见三三两两跑步的外国人，无一例外，都不带伞，也不穿雨衣。

绕了一段湖，便走进了森林深处。这是典型的热带雨林。

林间小路，道路根本没有修整，零零星星散落着很多碎石子。加上下雨，道路颇为泥泞。树木都按最原生的状态生长，没有半点人工修剪的迹象。直着、斜着，怎么舒服怎么长。树林间常常会看到一些倒下的树，都按照自然的方式存在着，没有人去干扰它们。

满眼都是树。高的，抬头不见树冠；矮的，不足半身；粗的，几人环抱不过来；细的，只不过一根藤。好多树丫之间，次生出其他蕨类植物，一样的葱郁。森林里的每一种植物，仿佛都觉得自己是长得最舒服的，勃发着旺盛的生命力。凋落的树叶堆积在林间，层层叠叠的不知堆了多少年。几年之后，它们又都成了泥土的一部分。大自然，就是这样周而复始地演绎着亘古不变的法则。

雨渐渐小了。干脆淋雨，继续往前。爬过一小段略有坡度的路，转入另一片树林。不多时，来到这里最有名的树顶桥。

顾名思义，这是一座修在树顶的吊桥。吊桥约有两百来米，只容一人通过。从桥上往下看，四处都是翠绿的树木，这里的树，高得吓人。低头，根本找不到泥土；抬头，树冠又在很高的地方。高处俯瞰，和身在林间的感觉大不一样。

此刻，雨又大起来，烟雨蒙蒙中，自己仿佛成了武打片中那些轻功卓绝的大侠，飘忽树林之间，"腾雨驾树"，爽啊！

穿过吊桥，来到休息处。几只顽皮的猴子，或旁若无人地穿行，或在树上结伴玩耍，丝毫不惧游人惊扰。

继续上路，不一会儿，眼前一片开阔！抵达高尔夫球场，向导告诉我们，与森林毗邻的高尔夫球场是私人领地，最好不要拍太多的照片。

高尔夫球场的尽头就是麦里芝湖。不大，但风光绝美。

穿越 13 公里，有些累，心满意足地返程。

三、新加坡绿化战略

11 月 13 日是开学第一天。背上书包，和伙伴们一起走进了南洋理工大学。

第一节课是孔丽娟女士给我们作《务实的抉择：新加坡国情简介》的通识培训。

孔老师聊家常般和我们讲起了新加坡的发展历史，信息量大，内容丰富。可惜我最感兴趣的"绿化战略"，她并没有展开细说。

我只能在她的 PPT 提纲中窥知一二。

新加坡建国初期，也曾垃圾遍野、棚户区林立、蚊虫肆虐。新加坡政府在那时聘请联合国专家，用 4 年时间编制了整个新加坡未来 30 至 50 年城市空

间布局、交通网络、产业发展等规划，并提出了人均 8 平方米绿地的指标，到
2015 年绿化面积达 120 平方公里。

新加坡最大的约束是土地，这个国家的一切都要在狭小的土地上获得。即
便如此，新加坡的中央区以及完全靠填海而成、占地 1.01 平方公里的滨海湾
花园却近乎"浪费"地占据着整个国家最黄金的地段，周围所有的高楼大厦都
要让位于此。

▲ 新加坡的中央区以及滨海湾花园

被称为新加坡"规划之父"的刘太格曾表示："面积仅有 700 多平方公里
的新加坡，我们在中央保存了 150 平方公里的永久保护区，没人敢打主意。
这是任何时候都不能开发的，完全是纯粹的大自然。"

新加坡前总理李光耀对绿化的战略意义更是有着深刻的认识："独立后，
我绞尽心思，思考如何向世人显示新加坡跟其他第三世界国家不一样之处，我
终于拟定了一个使新加坡成为清洁又葱茏的城市的计划。……在我所推行的所
有计划之中，绿化计划的成本效益最高。"

新加坡的绿化，主要分为这几个类型：

一是自然的开敞空间——红树林湿地、森林和自然保护区（麦里之湖就属于后者）。

二是主要的公园——如区域公园（我晨练遇到的公园，大概属于此类）。

三是体育与休闲用地——高尔夫球场、露营地、体育场等。

四是隔离绿化带——如居住新城镇之间的缓冲绿化带。

五是局部的绿化通道——如联系居住邻里和新城镇中心的商业绿化步行街。

六是其他敞开的空间——如军事训练基地和农业用地等。

经过半个世纪的发展，新加坡的绿地覆盖面积已经大大高于建国初期。城市的快速发展也伴随着人与自然的矛盾出现了不少问题，为了避免和克服交通堵塞、环境污染、人口增长等城市病，新加坡从各个方面制定了规划，其中就包括著名的"居者有其屋"计划。

刘太格是"居者有其屋"理念的主要倡导者和实施者。除了保证工程质量，他还组建了一个由12位社会学博士组成的团队，专门研究社会居住环境、生活习惯等与规划有关的课题（甚至包括心理学），确保整个城市的组屋规划之间相互包容，不至于带来新的社会问题。

为了解决城市病之一的交通拥堵，新加坡政府也大力发展公共交通，并通过昂贵的拥车证、征收交通拥堵费等方式严格限制私家车数量。私家车停车场大多建于地下，或者建成几层的停车楼，尽可能少占用土地。

我们确实看到，人口如此密集的城市很少有堵车的时候。

查阅相关网页，我们发现在打造"花园城市"的道路上，新加坡政府仍在不遗余力地努力。市区重建局在2009年推出的"打造翠绿都市和空中绿意"计划中，要求所有在滨海湾、裕廊区和加冷河畔的新建筑，都必须有等同于发展地段面积的空中和地面花园作为替代绿地。该计划后来又推出了2.0版本，将绿化要求扩大到更多地点，同时对包括住宅、办公楼、商业和酒店等各种发展项目提供更多绿化津贴。

和杀鸡取卵式的疯狂开发房产的行为相比，新加坡的远见与卓识让人深深震撼！

"请进，请买单"
与"请进，请享受"

——中国·新加坡两国综合体价值取向

一、新加坡淡滨尼社区印象

我终于见到了传说中的淡滨尼社区。

没来新加坡之前就听闻新加坡淡滨尼社区是非常值得一去的地方。

来到新加坡，首批公派访学新加坡的学长们告诉我，一定要去看看淡滨尼社区。

说是社区，其实是一个集健体、文化、娱乐、商贸、饮食、休闲于一体的大型综合体。

淡滨尼社区坐落于樟宜机场附近的淡滨尼地铁站一侧，交通便捷。它自2017年8月5日开业以来，一直成为全世界关注的焦点。

淡滨尼社区的引人注目，首先源于它高效利用土地资源的设计理念。众所周知，新加坡是一个寸土寸金的国家，这样的国家建综合体，必须考虑其土地成本。淡滨尼社区让人赞叹之处是把体育馆、电影院、商贸城、超市、休闲中心等融为一体，大大提高了土地资源利用率。我们来看其中的三个细节——

细节一：大厅进去不远处就有一个开放式的电影院，每天会不间断播放各类电影，不收任何门票。

细节二：综合体的五楼连廊被开发成环形的跑道。每天清晨、晚上，很多居民（游客）在综合体的五楼连廊跑步，成为社区一道亮丽的风景。

细节三：综合体各幢建筑物中间有一个标准的足球场，每天会有比赛或训练。每幢房子里的人都可以成为免费观众。

其他体育场馆，如羽毛球、乒乓球、排球等场馆应有尽有，且都可以对外预约开放。

淡滨尼社区最让人赞叹的是它的图书馆。这大概是它被人们津津乐道的首要原因了。

淡滨尼社区四分之一的建筑空间让给了图书馆，不得不说是大手笔！

淡滨尼社区图书馆从旧址迁入，占地五层（二层到六层），从面积到功能，从藏书量到建筑新颖性，都使之一跃成为继国家图书馆之后，新加坡的第二大图书馆、第一大社区图书馆。

二楼是光碟专区和杂志专区。各类音乐碟片和电影碟片应有尽有。杂志展览区错落有致地摆放着各种各样的杂志。一侧是舒适的椅子，坐在椅子上既可以认真看书，又可以俯瞰足球场。

三楼是儿童的世界，海量的婴幼儿图书，造型各异的阅读区域，还有一个别致的游乐场。窗外耀眼的阳光斜斜地照进图书馆，随处可见年轻的妈妈或爸爸拿一本孩子爱看的书，坐在舒适的椅子里，一手搂着孩子，一手给孩子翻书。有些孩子看书累了，可随意地在儿童阅览区奔走、嬉戏。

四楼是青少年图书区。不得不佩服设计师的贴心——将婴幼儿与青少年区分开来。这既是对亲子阅读的重视，又是对已长大的青少年的尊重。这个区域的书品种更多，从学术类到小说类，可以自己搜索、阅览，尤其让人赞叹的是整个阅览区安安静静。除此之外，还有 PIXEL LABS@NLB，青少年可以在这里体验科技产品或新技术，以及 SPACEOUT，这里播放新书推荐、学习经验分享等。

五楼以英文书为主，你所能想象到的各种书应有尽有；六楼的中文图书也有很多读者。在这些书中，我看到了不少中国作家的书。

图书馆里还有几处布置得特别有人情味儿，不得不赞叹和佩服设计师的独具匠心。

镜头一：图书馆里人们坐着，躺着，趴着，斜躺着，怎么舒服怎么来。因为这里有许多造型奇特的椅子，这些椅子很难不让人以最舒服的姿势享受阅读。

镜头二：三楼与四楼之间是由阶梯和供书写的软垫组成的休息区。右侧供读者行走，左侧台阶上可以坐着看书或者抄抄写写。

镜头三：图书馆每一层楼道楼梯台阶两个内角都射出一道淡淡的光，大概是给晚上下班的读者照路的。多么暖心的设计啊！

镜头四：高的书架间都配有一张椅子，供人们站在椅子上拿到高处的书。

镜头五：整个图书馆免费对所有人（包括游客）开放，不需要出示任何证件。

二、中新两国综合体比较

近四五年，我国各大中城市雨后春笋般地冒出了各类综合体。以我所居住的杭州锦昌文华苑小区为圆心，以 1.5 公里为半径画一个圆，就可以圈入 4 个规模相当的综合体，且这些综合体高度雷同——基本上是"购物中心 + 各类美食 + 电影院"的模式，大同小异，了无新意。

将中新两国的综合体放在一起比较，我们便会发现以下两点主要相异之处。

第一，新加坡的综合体重视土地和建筑的高利用率，而中国的综合体缺乏整体规划，浪费严重。整个淡滨尼就这么一个超大型的社区综合体，而在中国，类似我所居住的小区，不到三平方公里就有 4 个综合体。重复建设导致不少综合体的房子置空率高，且相当多的店面生意萧条。

第二，中国的综合体是以顾客进来买单为主要价值取向，而新加坡的综合体是以请居民（含外宾）进来享受为主要价值取向。吸引顾客进来买单为价值取向的综合体，设计的主要意图是——钱——钱越多越好！所以每一间房子的设计都是用来做生意的。而吸引社区居民（或外宾）进来享受为价值取向的综合体，设计的主要意图是——人——人越享受越好！在中国的综合体里几乎看不到图书，即便看到角落里有几本书，也是卖给顾客的，因为奔着"钱"去，和钱无关的设施几乎没有。而新加坡的综合体居然愿意将四分之一的建筑都奉献给开放式图书馆，且图书馆处处体现人文关怀。开放式电影院、环形跑道、体育场馆、各种各样的食阁（相当于中国的美食广场），无不彰显着新加坡这个国度施政的人情味——以人为本。

三、给中国社区综合体建设的几条建议

淡滨尼社区综合体给我们的启示是全方位的。在这里，斗胆提一些建议：

第一，政府要严把综合体审批关。成熟一个审批一个，而不是申请一个通过一个，人的数量就那么多，那么多综合体建给谁用？

第二，已经建好的综合体要适度整合，在可能的前提下，将社区综合体的建筑规模进行适当的扩展并努力转变职能，提高综合性，突出服务性。综合体不仅仅是做生意的地方，综合体首先应该是一个服务体，它的核心定位应该是服务。诚心服务于社区居民休闲、健身、娱乐，在此基础上可适当有些商业元素。让百姓进入综合体休闲、健身、娱乐，一旦他们喜欢来综合体享受与消费，商业也就跟着上去了，是谓"水涨船高"。

第三，重视全民阅读不要只体现在口号上，而是要落实在基础设施建设中。阅读对人成长的价值是巨大的。我们一定要把全民阅读当作最重要的投资，唯有国民素质提升了，民族复兴才会成为可能。喊喊口号容易，关键是要落实在行动上。行动怎么落实？搞些活动，建个房子是简单的，难就难在适度地去功利化，适度地去商业元素，可以把原本规划的部分商业区改建为开放式图书馆。

法国禁止学生带手机进校园，新加坡却恰恰相反

（一）

小学、初中学生能否带手机进学校（课堂）？我想大部分中国家长和老师，观点会惊人的一致，那就是——

绝！对！不！可！以！

当下，不少老师和家长已经视手机为洪水猛兽，网上也常有校方没收学生手机，统一用榔头砸毁的报道（例子太多，恕不一一枚举）。

不只是中国老师和家长害怕手机。法国教育部长布朗盖曾在多家电视台宣布，为维护学校秩序以及国民健康，禁止小学生、初中生带手机进校园。

另据悉，2011年，世界卫生组织下设的国际癌症研究机构（IARC）指出，使用无线电话导致胶质瘤（恶性脑瘤）的风险增加。

再从另一个角度分析，貌似无所不能的搜索引擎，各种便捷的电子读物，琳琅满目的新鲜资讯，让纸质阅读逐渐远离人类。即便是手机阅读，也会不断被各种链接和弹窗广告打断。有人戏称，读完一本书不再是能力问题，而是意志品质的问题。

"人类失去对自我注意力的控制"，这已经是毋庸置疑的事实。

无论从哪个角度分析，很多人都认为禁手机令的颁发将有助于青少年的健康成长和国民综合素养的提升。

（二）

与法国以教育部的名义颁发禁手机令相反，在新加坡，政府和学校是提倡小学生、初中生（高中和大学生更不用说了）带手机进校园甚至课堂的。

2017年11月—2018年2月，我们在新加坡访学期间，不止一个教授、讲师提到这一点。

当问及为什么允许学生带手机进入课堂时，聂尤彦博士、陈文莉副教授先后指出：当下的学习方式已经和几十年前截然不同，学生的很多资讯都是通过网络获取的。网络学习已经成为人们学习的新常态。教育的目的是什么？是不断开发人的潜能，让人更好地社会化，进而适应这个社会。禁手机其实是教育者不自信的表现，是违背人自身发展规律的。两位老师指出，如果智能手机（或网络科技）运用得好，能激发学生学习兴趣，提高学习效率。

非常幸运的是，2018年1月17日应新加坡德明政府中学的邀请，我有机会给新加坡高中学生上了一节写作课。在这节课上，我深度地观察了学生借助智能手机和网络技术参与写作的全过程。

这是一节漫画写作课。我先出示一组漫画让学生观察，让他们用140个字简单概括漫画的内容，学生较好地完成了这项任务。

之后，我让学生展开联想：由漫画你想到了哪些类似"文明只差一步"的现象？这些现象给自己和周围人产生了哪些影响？

在这个微写作的环节，我让孩子们掏出手机把自己的想法发在网络学习社群——这个学习社群是教师事先建立的。学生在社群里可以用昵称或真名发言（教师知道每个ID对应的是谁），且每个人的发言都是公开的，学生之间还可以相互点赞。

借助网络技术写作，相较传统的纸笔写作有本质的区别。孩子们可以边打字边关注别人写些什么，也可以先自己表达再关注别人的表达，之后进行自我修改。这种即时互动的开放式表达，似乎很受学生欢迎。

▲ 课堂所用漫画素材

我多次走近孩子们，发现他们都在凝神思索、运指如飞。我悄悄问一个孩子打字速度快还是写字快，孩子回答应该是打字比写字更快。

果不其然，大概五分钟后，不少同学已经用手指码出了 150 字左右（甚至更多）语意通顺连贯的话，甚至不少习作文采斐然。

以下为部分学生在网络学习社群的发言：

乱停共享单车是很简单的事，大家认为不是自己的财产而不好好照顾，这样不仅会妨碍行人，也会让共享单车遭受风吹雨打，加快损害的速度，让本来要让社会充满关爱、自觉、温暖的行动有了负面的影响。

男厕所里，很多人都不会"向前一小步，文明一大步"。此举会让厕所环境变得不佳，人们进来方便会感到不适，鞋底也会被弄得不干净。不光是使用者，清洁工人更是会感到不适。

翻阅国家图书馆的书籍时，偶尔会碰到有些被糟蹋的书。有时是书中有饮料的痕迹，有时是几页被折了，有时是有人随意涂鸦，甚至几页被撕掉的也有。诸如此类不负责任的行为，反映了国人不为他人着想，越来越自私自利的心态。或许借书的人不注意，真的无心这么做，但许多人都冷漠，做错了也不敢承认，只是默默把书本归还给图书馆，让别人分担责任。（by 黄旭百）

1. 在地铁上不为老弱病残让位，让这些需要座位的人只能站着，对社会灰心；2.看到路边的垃圾不捡起来，污染环境，景观不优雅，让外国人对新加坡的印象变差；3.吃餐后把碗碟留在桌上或者弄脏桌椅，让其他人无法使用桌子，在用餐时间还会造成很多人找不到位子；4.在图书馆大吵大闹影响其他人，让他们无法安静学习或者读书，来图书馆的意义就没有了。（by Bri）

现在流行"共享单车"，许多人开始以自行车代步。共享单车本来是方便大家，但是许多人更在意自己的利益，为了自己的方便将单车停入自己的社区，更有人为了快速转换交通工具，常常将单车骑到公车站便随地一停，这些单车常常被遗落在本就不宽的人行道上造成他人的不便。有时也可看见这些共享单车悲惨的下场，被人扔进水沟、草地、沙滩等。这些共享单车变得越来越旧，下一个人就没那么方便了。（by 旻箴）

在很多人的公共场合，比如公园，不负责任的主人没清理宠物的排泄物，污染环境，破坏美观，造成别人的困扰。在图书馆里大声喧哗，在外就餐时不归还碗碟，上卫生间不冲马桶，搭公共交通时不为老人让座，随手乱扔垃圾（影院里、公园里、路边）……人们只要多站在他人角度出发，多为他人考虑，以上问题便能很容易解决。

一些女性把卫生棉贴在垃圾桶旁的墙上，非常不卫生，别人看了也会心灵受创，尤其是在男女共用的厕所，同时也给清洁工人增添了许多麻烦。（by 旭丹）

有些打字快的同学，开始浏览别人的发言，偶尔点个赞或与邻座耳语几句。

等大部分学生"手指操"完毕，我示意他们将手机放回抽屉，关注屏幕上点赞较多的表达，边阅读、边分享、边点评。我请两位同学协助我在白板上形成了思维导图。最后借助导图，对漫画写作选材的新颖性和表达的深刻性进行梳理与小结。

我在国内五年级也上过这节课，相比新加坡的这节课，我发现在交互表达和思维训练上，借助智能手机写作与传统的纸笔写作相比有着独特的优势。这样的写作更接近于常态下的真实交流，师生、生生互动更为即时、高效。

就我个人的感受而言，适度运用智能手机确实有助于学生提取与加工信息能力的提高，也确实能提升课堂效率。

▲ 课堂上生成的思维导图

其实，不少国家已经将信息素养作为 21 世纪人的核心素养（新加坡叫"关键能力"）。

我们再来看看一些发达国家的母语课程标准：

利用媒体获取信息、增进理解，将媒体作为个人回应和表现的方式，利用媒体做批判性分析和评价。——美国各州英语艺术课程标准

广泛阅读（视读）不同媒介的文本，包括小说、诗歌、剧本、实用文、海报、图表、电影、电视以及与信息和交流技巧有关的各种文本。——澳大利亚母语课程要求

"利用媒体获取信息""阅读不同媒介的文本"已经成为二十一世纪关键能力（或核心素养），这种关键能力如果不在互联网环境中去培养，无异于纸上谈兵、缘木求鱼。

像新加坡这样没有对学生实施禁手机，而是因势利导为我所用，应该是一种较为前卫的做法。

（三）

我们再看看国内有关人士、学校对这一问题的回应和做法。

北京十一学校李希贵校长说："我们不能让学生在校园里始终处在一个被管理的地位，这样永远生长不出自我管理的能力。只有放手才能培养他们的自主、自律意识。"北京十一学校一直鼓励学生使用手机，因为学生面对的未来世界是一个智能化的数字世界，而手机又是其中最重要的媒介。"如果我们禁止学生在学校里带手机和使用手机，那么我们就会断送掉他们的明天。"李希贵提醒："对于一些错误使用手机的学生，我们可以换一个角度来看待，把它当作一个教育的机会。对于学生的成长过程来说，这也不是什么大不了的问题，更不能把它放大。"

李希贵这样认为，所以在他的十一学校，学生是被允许带手机进校园乃至课堂的。

上海嘉定实验小学自带设备的探索已经有三个年头——

第一年，一年级只有2个班级愿意加入；第二年，一年级有4个班级加入；第三年，一年级有5个班级加入。学生以亲身的学习经历向家长讲述平常如何使用数字化设备进行学习，如何灵活地运用各种各样的移动应用程序随时随地开展学习探究。

深圳市南方科技大学实验学校也采用了自带设备的模式。

这所新成立的学校，全部班级采用自带设备的模式开展数字化学习探究。也正因为有了自带设备营造的良好数字化环境，该校将技术作为学校发展的底层支撑，让数字技术始终贯穿于课程重构、课堂变革以及师生教与学的全过程。

关于学生是否可以自带智能手机，杨晓哲先生在《应当鼓励学生带着智能手机进校园》一文中，有这样的独到见解：

"对于那些一出生就已经接触互联网的人来说，他们就是互联网的原住民。而大多数人则是互联网的移民。移民很难理解原住民对于互联网的认识和情感，移民总是想讨论清楚到底该不该去使用互联网，使用到什么程度合适，如何有效、适度使用互联网。而原住民的情感则大不相同，他们明明已经在使用互联网却不觉得正在使用，往往认为虚拟空间和实体空间带来的感受没有太多区别，不存在要不要使用互联网的问题，而是虚拟和实体已然混合成一个全新的世界。"

我非常认同杨先生的观点。当下大部分人与人的交往模式已经是网络虚拟与现实交往同步并存，而我们的教学却有意屏蔽虚拟交往，这是极为不妥的。

杨晓哲在文中提出如何应对自带设备的五条建议，值得借鉴：

（1）不是要求所有老师、所有学生自带设备，而是允许与自愿。

（2）与学生明确自带设备的规则或签订协议。（例如：上课需要将手机调整到静音模式，上课的时候不可以使用设备进行与学习无关的事情等。）

（3）学生、家长、教师在如何使用设备进行学习和教学上开展小规模讨论，有助于达成共识。

（4）引导学生积极主动使用设备进行学习，并利用丰富的应用程序开展学习活动。举办学生之间的分享会，让学生相互分享利用智能设备的经验。

（5）教师尝试或积极使用各种平台或应用程序进行教学组织和教学反馈等。注重引导学生的碎片化学习以及给予学生更多的个性化关注。不能绝对地说教育信息化从自带设备开始，但是自带设备的确是一个难以忽视的起点。

（四）

智能手机是数字时代的产物，它与人类的关系无比密切。有人说当今时代，手机已经是人体器官的一部分。不少"90后""00后"，从认识世界开始似乎一刻都无法离开手机——他们已然成为"网络原住民"。但是我们奇怪地看到，以培养社会人为宗旨的教育却视手机为洪水猛兽。这就好比外来移民强制原住民不得说自己的母语一样荒唐和诡异。这种自我矛盾的强盗逻辑，不能不说是人类的悖论或笑话。

但是我们不得不承认成长中的青少年确实缺乏自控能力，加上网络环境监控不力，各种不良信息纷至沓来。如果放开允许学生带手机进校园，的确会存在很多现实问题（诸如：如何应对青少年注意力的分散，如何应对网络不良信息的侵扰，如何预防青少年网络犯罪，如何提高教师讲课效率等），对青少年的成长确实极为不利。

这一系列现实问题摆到了每个教育人和家长面前,且迫在眉睫——

人类,究竟该如何面对自己制造并须臾难离的高科技产品?

网络环境如何进一步改善优化进而有利于青少年健康成长?

智能手机在校园该全面禁止,部分开放,还是全面开放?

教学如何顺应时代潮流应时而变,而不是逆流而上刻舟求剑?

……

一切的一切都值得社会各界深长思之、睿智应对。

发现每个人的
"最佳路径"

（一）

2017 年 11 月 21—22 日，浙江省名校长公派留学新加坡研修团学员们迎来最值得期待的课程。给我们讲课的是新加坡资深校长、宏文学校前校长，中国保定长城学校前总校长胡春河先生。

在这之前，我访谈了新加坡华文资深教师彭丽儿老师。彭老师对胡春河先生推崇有加，她说如果安排胡春河先生给你们讲课，一定要多问一些问题。

果然，先生一开场便显示了他的卓尔不群。他风趣地说："我姓胡，胡说八道的胡，但我讲课不会胡说八道。"

胡春河先生谦虚地说：中国很多方面做得比新加坡好，新加坡的教育体制，有它自己的特色，但一定不是最好的。新加坡的教育，一定有很多提升的空间。讲课的过程中，欢迎大家随时提问。

"聆听、思考、提问、讨论，才是学习的最好姿态。"——先生在 PPT 中，打出了这样的字。

先生讲课的全过程，较好地贯彻了他的主张。

整个讲课，更多地由我们的提问和胡春河先生的回应以及大家的讨论构成。与其说是先生给我们讲课，不如说先生激发了我们的好奇心和思考力，以随机聊天的方式，带领我们逼近新加坡教育的真相。

先生报告的题目是"完善机制 追求卓越"。报告分两讲，合计两个半天。第一讲，先生主要围绕着"学校的使命、愿景、价值观"展开。

印象比较深的是，在谈到"使命""愿景"等核心话题的时候，先生都让我们参与到学习活动中来。

比如，他给我们每人发一张小纸条，让我们写一写自己心目中好学校的"使命""价值观"分别是什么，然后让大家把小纸条贴到周围的墙壁上。这种互动式的学习，有别于前两天教师一讲到底的做法，让学员真正动起来。

（二）

这种参与式培训，正是目前大多数培训欠缺并需要大力倡导的。

说实话，当前的教师培训大部分停留在讲授阶段，亦即主讲教师事先做一个PPT，照着PPT从头讲到尾，这样培训的效率是很低的。它未能充分激活培训主体的参与意识，所有学员纯粹被动接受，这种被动接受相当于"大水漫灌"。

胡先生让我们尝试短平快地参与学习，学习因参与而变得生动活泼。如果先生肯多停留几分钟，请几个组学员代表说说自己是怎么思考的，再有选择地稍加点评、展开对话，那么我们的收获一定会更多。

也许是讲课容量太大，先生未及展开便匆匆而过，甚是可惜。包括第二天的讲座，先生基本以做好的PPT为主导，具体案例也不多。很显然，第二天培训的效果逊于第一天。

关键在哪里？

一言以蔽之，皆因培训主体的"在场"与"不在场"。

总体来说，这几天的培训存在一个最大的问题：内容太满，授课教师急急忙忙地想把自己准备的东西灌输给学员，而学员对某些概念、理念、策略一知半解，正欲询问，导师却讲后面的内容去了，这样的走过场直接导致了培训主体"不在场"。我们理解并敬重导师们的负责态度和敬业精神，他们都希望在有限的时间内把更多信息传递给我们。但是人在单位时间内接受信息的数量是有限的，这种过度的"敬业"，有时恰恰会好心办坏事。

（三）

反观我在国内参与过的一些印象深刻的培训，都是在"在场性"上做足了功夫——参训老师人人参与，小组学习、头脑风暴，借助海报纸以思维导图的方式呈现小组合作的成果，学员与学员、学员与导师多边互动、观点碰撞。

从面上看，这样的培训容量不大，但正是这样貌似"容量不大"的培训却在"点"的深入上做足了功夫，大家都因充分的参与被深深地卷入学习的过程。这样"深深卷入"的培训有助于全体学员真正沉入其中，保证了培训主体真正的"在场"，这种"在场"不只是"身在"，而是身心俱在。

2017年暑期举行的"做自己的课程设计师"培训，就是这样"身心俱在"的成功案例。

这次培训有导师"预设课程"——四位领衔导师，一位特邀嘉宾，把自己二十几年积累的最有特色的课程提炼成课程设计模型，包括"课程目标""课程框架""课程实施""课程评价"等几个维度——也有学员的"生成课程"。接下来三天的时间完全交给学员，在导师的带领下，学员们组成课程研发小组，从选题立项、确立目标、搭建框架、构想实施计划到初步出台评价方案，一次又一次地建构—解构—重构—再解构—再重构，每一个学员都经历一次又一次的头脑风暴。有些小组仿佛打了鸡血似的，深夜一两点了还在讨论、完善自己的课程。

最后一天的课程方案展示会上，学员们所展示的课程方案一个赛一个精彩，亮瞎所有人的眼睛，培训效果超出所有人的预期。

这样的培训，导师不是宣讲自己的经验让学员依葫芦画瓢，而是把经验提炼成方法，让学员运用方法去建构自己的课程，去发现课程建设的"最佳路径"。在世界设计史上有个经典案例：著名的迪士尼乐园设计师格罗培斯无意间发现顺其自然走出的小路，居然成为"最佳路径"。

是的，每一位教师都有自己的最佳成长路径。真正优秀的培训一定是导师充分激发每一个培训主体的参与热情和创造原动力，并协助培训主体找到自己的"最佳路径"。

这样的培训，其根本特征就是每一个个体的"在场性"。

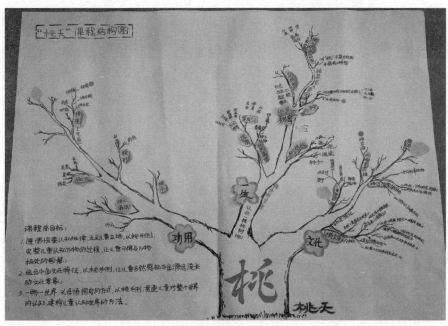

▲ 课程方案示例一

▲ 课程方案示例二

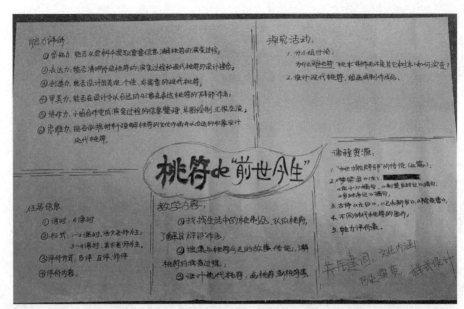

▲ 课程方案示例三

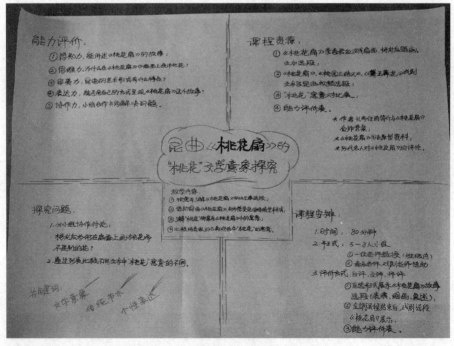

▲ 课程方案示例四

（四）

"在场性"是德语哲学中的一个重要概念，近年来已逐渐为整个西方当代哲学所接受，在海德格尔哲学中指"在""存在"，到了法语世界则被笛卡尔翻译为"对象的客观性"。"在场"即显现的存在，或存在意义的显现，或歌德所说的"原现象"。翻译过来相当于我们汉语的"在"与"不在"的"在"和"有一无"的"有"。更具体地说，"在场"就是直接呈现在面前的事物，就是"面向事物本身"，就是经验的直接性、无遮蔽性和敞开性。而"澄明"是通往"在场性"的唯一可能之途——只有"澄明"才能使"在场性"本身的"在场"成为可能，而欲达致"无遮蔽状态"，需要"去蔽""揭示"和展现。

没有对话的培训是缺乏"在场性"的。如果没有对话压力，教师就可以随心所欲地听课，好听，则认真听；不好听，则走走神，或专注玩手机。即便是好听的课，因为缺少深度对话，培训处于"遮蔽"状态——授课者的理念与教学策略被"遮蔽"，听者的感受及问题被"遮蔽"。这样的"遮蔽"，使得培训无法达到"澄明"状态；这样的培训，学习并未真正发生。

胡春河先生第一天的培训，因提问者、解答者都能够敞开心扉真诚探讨，初步实现了"去蔽"，整个课程呈现一种"澄明"状态，所以效果好。正如我课后给胡春河先生微信留言的那样："您对待大家提问的宽容、赞同、欣赏态度，解答问题的耐心、细致、透彻、深入，值得点赞。"

再来审视国内很多教师培训，我们常常会看到密不透风的安排。这样的安排犹如满汉全席，确实能满足人的眼睛，但是多就一定好吗？非也！人穷的时候饿惯了，看到一桌琳琅满目菜肴两眼放光，但物质丰盛年代，满汉全席往往抵不上几个可口小菜。

培训课程也一样。密不透风的"高大上"让培训者连回味的时间都没有，很多知识未经深入了解而云里雾里、一知半解，容易导致信息的拥塞和消化不良，培训主体的脑子就可能成为别人观点的"跑马场"。这其实还算好的，毕竟"马"在你的脑子里跑过，多多少少留有跑过的痕迹。最可怕的是因信息过多导致"跑马场"自动关闭，貌似认真听课，实则认真养神。

这样的培训，身在培训现场，心却神游八荒。没有什么比这样的"不在场"更可怕的啦！

相反，那些给人印象深刻的培训，恰恰因为留足了时间给学员。内容虽然少了，但培训主体的学习潜能被充分激发了，成长的"最佳路径"也许很快就找到了！

细节背后，人在中央

在新加坡访学三个月，给我印象最深的其实是几个看似并不起眼的细节。

细节一：优良的排水系统。

新加坡公民的居住一般分为两类：有钱人住别墅，钱不多的住租屋，租屋大概类似中国的廉租房。

无论别墅还是租屋，其周围都环绕着排水性能良好的排水沟。这些排水沟都是水泥浇筑，沟内有水长期流动。排水沟两侧都有大大小小的圆孔，这些圆孔是用来排水的。说来奇怪，我们所居住的地方是裕廊西工业区，但我没有看到一条河流是污浊和有异味的。

管理人员告诉我们，新加坡是一个资源极度贫乏的国家。其用水资源一部分靠外引，一部分靠天降雨水，新加坡政府非常重视天然雨水的收集，房前屋后的排水沟就是雨水的收集器和输送带。

细节二：协商红绿灯。

晨练第一天巧遇余杭二高的张禹校长，我们一起过红绿灯。

奇怪的是等了四五分钟还是红灯状态，后来我们干脆放弃，改走其他红绿灯。那天上午，我疑惑地问给我们讲课的老师。导师告诉我，新加坡的红绿灯分为按时红绿灯和协商红绿灯。按时红绿灯的时间是有规律的，协商红绿灯在大部分情况下都是红灯状态，便于左右两侧车辆顺畅通行。行人若要穿过红灯，则可按下协商绿灯按钮，对面绿灯就亮了，人便可以通行。

细节三：校门口的"宽窄"道。

第一周开始，我们绕着租屋附近的大草坪晨跑。一天，我发现德行小学门口的道路和其他公路是不一样的。公路被画成有宽有窄的样子，漆着不同颜料，远看仿佛路面高高低低。这样的设计有助于来往车辆放缓速度。

细节四：电梯上的风景。

新加坡地铁很发达，地铁上的自动电梯很有秩序。上下电梯的人一律自觉靠左，排成一队，右边是空出来给人加急赶路的，而且电梯上从来都安安静静，没有人讲话。

刚到新加坡的头几天，我们常常习惯性地往右站，后来跟着新加坡华人自觉靠左，慢慢地也就习惯了。

细节五：温馨的图书馆。

新加坡国立图书馆是新加坡最有文化气息的地方。走进图书馆，我们看到了最富想象力和童趣的儿童图书馆。儿童图书馆的装饰很有童心，整个设计就像一个童话城堡，城堡里有许多可爱的猴子倒挂下来，天真可爱。

一进门就看到一个特别温馨的画面。母亲坐着给大儿子（四岁左右）讲故事，稍小一点的孩子大概还不会走路，就趴在地上翻书。另一侧，一个父亲手牵着小儿子，女儿则光着脚趴在地上安静而陶醉地阅读。童话城堡里，三个孩子正坐着专心致志地阅读，旁边散落着一堆书。

整个图书馆安静有序。我们放慢脚步走进去，小心翼翼地拍照，生怕打扰了这里的静谧。

细节六：穿着胸衣跑步的女人。

来新加坡的第一个周末，约几个同学徒步麦里芝湖原始森林。这地方非常适合野外徒步，在新加坡的三个月，我先后五次前往。

徒步途中经常遇见本地华人、印度人和西方白人。他们或走，或跑，无一例外都很瘦。原始森林雨水多，常常冷不丁就下起雨来。奇怪的是，无论男女，下雨时他们几乎都不带雨具，有些女孩甚至穿着短裤、胸衣跑步，剽悍异常。

这样的场景，几乎每次徒步都会遇到。

细节七：地铁与公交限时联票。

新加坡的地铁系统非常发达，不同走向的地铁标识不同颜色。一般稍大的地铁站都会和商场综合体建连在一起，融购物、饮食、娱乐于一体，方便快捷。因此新加坡人一般不开车，这就是道路通畅的主要原因。

待得时间久了，我们发现坐地铁后半小时内接着坐公交费用非常便宜，再远也不会超过 2 新元。如果超过半小时，费用就会上涨。这样的设计同样鼓励人们少开车。

······

每一个细节看似毫无联系，深究起来都有一个共同之处，那就是"人"字立在中央。

新加坡无论是从国土面积还是人口总数来看都属于超级小国，就是这样的弹丸之地居然迅速崛起为"亚洲四小龙"，前总理李光耀曾一再与国民说新加坡什么资源都没有，唯独有的是人才。

对人才的尊重，对每个人的尊重，是新加坡迅速崛起的关键因素。

细节一：新加坡之所以设计这一独特的排水系统，除了巧用淡水资源之外，还有一个很重要的原因是为了防止蚊蝇的滋生。新加坡每天都是夏天，在新加坡的三个月，我们没有挂过蚊帐，用过蚊香。租屋周围所有的水都是流动的，蚊子无处安家，无法滋生。

细节二：采用协商红绿灯的方法灵活机动地处理了交通拥堵问题。我们在新加坡没有遇到路堵，发达的地铁系统起了重要的作用。这种协商红绿灯的设计恐怕是有一定作用的。三个月时间，我们几乎看不见交通警察在街头维护交通秩序，其实我们压根儿就没有见过警察。

细节三：校门口的特殊"宽窄道"更是充分考虑学生们的安全，避免车与学生抢道。走笔至此，想起山东菏泽某司机雨天和学生抢道的画面，让人感慨万千。

细节四：更值得我们深思的是靠左行还是靠右行。其实这些都不是关键，关键是要自觉留出给别人急速通行的空间。想到节假日高速公路"生命通道"被挤占的事件，真替那些抢道的国人害臊。

细节五：图书馆里大人与孩子们专心读书，没有人吵闹，安静至极，温馨至极。全民阅读还需要所有人共同努力。

细节六：最为震撼的是人与环境的自然融入。只有心无旁骛，身心放松，才能不惧风吹雨淋，不惧异样眼光。其实也没有异样目光，在他们看来一切皆为平常。

细节七：值得交通特别拥堵的城市参照。

细节的背后是对人的尊重：政府对人的尊重，人与人的彼此尊重。

相互尊重才会自觉遵守规则；自私乖戾才会无视规则存在。

我们常常习惯于责备有关部门缺失人文关怀，其实我们自己何尝"关怀"过自己？

高速生命通道被占用、高铁霸座接连曝光、影视明星偷税漏税、地沟油屡禁不止、假疫苗流入市场、水果喷上催化农药、三文鱼以假乱真……

每一种损人利己行为都是对社会诚信体系的摧毁。表面上看，占道、霸座、偷税能让自己获得便利，卖假货更能牟取暴利，但实际上都是在互相伤害。

卖假药的人，也许偏偏喜欢吃水果！

吃水果的人，也许偏偏喜欢下馆子！

用地沟油的人，子孙肯定要接种疫苗！

制造假疫苗的人，也许喜欢吃三文鱼！

……

每个人都是他人的生存环境。套用一句流行金句："雪崩时，没有一片雪花是无辜的。"

破坏规则、诚信缺失导致生存环境恶化，环境恶化导致戾气加重，人与人缺乏基本信任。一个社会戾气深重，绝不仅是单方面的原因。

敬畏规则，遵守规则，这是每个人都可以给予他人的人文关怀。只有公民自觉遵守规则，国家千方百计地为公民制定更加人性化的制度，并将之落实到一个又一个看得见的细节上，我们的社会才会更加美好。

当然，新加坡并不是一个完美的国家，它同样有很多值得反思的地方。写这些细节不是扬他国威风，灭自家志气，而是希望学他人之长。

不要轻信你所看到的，
更不要轻信你所听到的

（一）

泰国有一则短片，主要讲了这样一个故事：

一家市场因收租老板娘的到来，气氛变得紧张。

只从表面看，所有人都会觉得老板娘不近人情。

她会大声呵斥小贩："不要做表情装可怜，快点交租。"

怒气冲冲扔掉小贩的秤。

让手下搬走一位母亲没有卖完的东西。

甚至让手下把一个男人抬出去，扬言要收拾他。

她怎么也不会想到，在她做这些的时候，一个路人用手机记录下一切并上传到网上。

一时引发了爆炸性的舆论。网友们看到视频后纷纷怒斥：

"怎么会有这种垃圾？"

"你为什么不去死？"

"啊，这种人就应该让她火！"

可事实真的是这样吗？原来人们看到的故事只有一半。

他们只看到老板娘大声呵斥收租，却没看到她把小贩多给的钱退了回去。

他们只看到老板娘怒摔小贩的秤，却不知那是因为小贩在秤上做了手脚。

他们只看到老板娘搬走了单亲妈妈的东西，却不知她是看到这些东西卖不完了，自掏腰包买下了所有。

他们只看到老板娘把商贩抬出去，却没看到她为中暑的摊贩扇扇子。

而她做这些仅仅是想让这些可怜的人能独立生活下去。

可键盘侠们不知道，他们只相信自己"看到的"。

只因一个上传到网上的断章取义的视频，键盘侠们便对老板娘大加讨伐，给她贴上"坏人""无耻之徒"的标签。

（二）

看完这个视频，我不由得想起了和一位一线教师的对话。

她好心地跟我说："张老师，最近一段时间，我听到了一些人对几位名师的质疑，其中有你的朋友，不知道我该相信自己过去的判断，还是相信最近听到的。"

我回复她："不要轻信你所看到的，更不要轻信你所听到的。"

是的，我一直都这么认为。任何事，任何人，我们看到的永远都只是横断面，而且就算是看到的当下，也不一定看得准确。

（三）

是的，眼见不一定为实。《吕氏春秋》里记载着这样一个故事：

孔子带着众弟子周游列国，7天未进食。颜回走了好远的路讨来一点米饭，回来后便煮给老师吃。

孔子在一旁熟睡。

饭将熟，孔子翻身，恰好看到颜回抓了一把米饭往嘴里塞。

孔子并未发作，巧妙提醒颜回：我刚才梦到先祖了，想要祭拜一下他，但米饭必须干干净净。

颜回急忙对老师说："老师，刚才草灰掉到了米饭里，我觉得丢了可惜，就把有灰的米饭都吃了。"

孔子一听，觉得很愧疚，抱歉地说："颜回啊，按理说，我们应该相信自己的眼睛，但眼睛也不一定可信。你们弟子们一定要记住，要了解人，本来就是不容易的。"

（四）

眼见都尚且如此不可信，耳听就更加值得警惕了。

曾看过一部很虐心的电影，叫《狩猎》。

和妻子离婚的卢卡斯在一家托儿所工作，心地善良个性温和的他很快就受到同事和孩子们的喜爱，其中一个名叫卡拉的早熟女孩对卢卡斯尤为亲近。面对女孩幼稚而单纯的示好，卢卡斯只能婉转地拒绝，可令他没有想到的是，这一举动将他的生活推向了风口浪尖。

卡拉报复性的谎言让卢卡斯背负了性侵女童的罪名。

一时间，这个好好先生成为了整个小镇排挤和压迫的对象。好友的愤怒、前妻的不信任、爱犬的死亡和陌生人的恶意让卢卡斯几近崩溃，而当小小的卡拉吐露真相之后，恶意却并没有随着卢卡斯的重获清白而画上句号。

影片结尾，卢卡斯和儿子去打猎，一阵向他偷袭的枪声让人不寒而栗。

卢卡斯之所以成为众人的"狩猎"对象，是因为所有人都不愿意相信看到的，而是选择相信听到的。所谓三人成虎，众口铄金，卢卡斯就这样成为了人们嘴巴里的"猎物"。

（五）

回到前文一线教师的问题上来。

我们判断一个老师的教学风格或所作所为，要多方面去了解，多听他的课，多看他的文章，有机会接近他，从他的言谈举止和一些细节中去了解他，这样才有可能看得全面而真切。

切不可凭一两节课，更不可从其他人断章取义甚至带有偏见的揣测中全盘推翻你的认识。

前一阵子，看过一部《一个叫欧维的男人决定去死》的电影。

电影讲的是从学徒开始就在工厂工作的欧维，在 59 岁的门槛上被老板辞退。他回到家，看着自己悉心维护半生的小区规则被逐渐无视，新搬入的年轻人也都讨厌自己的倔强……诸多不顺，他生无可恋，决定去死。但天不遂愿，每一次脖子套上绳总有意外发生。

他一边咒骂着周遭，一边和新旧邻居艰难磨合。在被动的磨合过程中，彼此的认识逐渐得到改变，人们也越来越接受欧维。

这部电影最精彩的地方在于欧维一次次在死前的回忆：父子相依为命却亲眼见到父亲死于横祸；呆萌浪漫又美得发慌的恋爱史；即将成为爸爸，却在一次旅行中因意外车祸失去孩子，妻子也终身瘫痪……

这样的情感回溯让我们立体地认识到一个内心柔软又充满爱意的男人。

通常而言，我们初次认识一个人，初步印象往往停留在当下和表面，很少有人愿意或者真正能够探究对方的内心与经历。我们对于大多数人的认识往往是简单粗暴的，常常轻率地认定一个人简朴或豪奢、随和或固执、稳重或轻浮，贴个标签，归档了事。事实上人是极为复杂的，当我们试着走入一个人的"历史现场"，看着他一点点变成今天的样子的历程，我们才会明白一个人的复杂与斑驳。

从一个人的历史视角走近一个人，才会产生"共情"与"同理"，而不是简单地喜欢或讨厌。

对名师的认识也好，对普通人的认识也好，要少一些"我以为"的断章取义和主观臆断，多一些共情理解和换位思考。如此，我们才会更客观理性地认识一个人，而不是见风是雨，更不会一叶障目，不识庐山。

（六）

同样的道理，面对不太了解的全新事物或周遭环境，你所听到的未必是真的，你所看到的也未必是真的。

就拿这次来新加坡学习中的所见所闻来说吧。我觉得对新加坡的认识，绝不能轻信听到的，也不能轻信看到的，而要深入地了解新加坡发展的历史，通过多个渠道收集不同信息，然后进行综合梳理。如此，我们对一个国家的认识才会逐渐深入。

新加坡和中国的教育体制最大的不同在于他们的小学六年级国考。国考后，学生根据成绩高低进入各种不同的源流：有的去了直通车；有的去了快捷班；有的去了普通班；有的去了工艺班。不同源流之间可以相互打通，最后达到"条条道路通罗马"的目的（具体的体系，很复杂，不是这篇文章所能说清的，因此略去）。对于这个教育体制，有些中国的校长认为：小六就进入国考，这么小的学生就开始分流，太残酷，人为地增加了学生的心理压力，甚至过早给学生贴上标签，弊大于利。但是通过多个渠道了解，新加坡不少当地居民对六年级国考是比较认同的，认为及早分流有利于帮助孩子尽早寻找发展的方向，免得耽误过多的时间。而且在访谈新加坡教师、家长、学生的过程中，我们发现了一个耐人寻味的现象：有些学生不一定愿意选择可以直接上大学的"直通车学校"，而是主动选择读"快捷班""普通班"，之后升入理工学校，因为理工就业更容易。也有校长认为新加坡的分流制度貌似比较开放，实则比较封闭。但新加坡的老师和家长说，进入"快捷班""普通班"都有其他途径可以上大学，系统对所有人是开放的，新加坡的基础教育是极其扎实的……

讲课的过程中，多个校长讲到教师的带生问题。问及新加坡有无教师违规家教，讲课的教师都这样回复：我们教育部规定教师允许一周补习2小时，且不能补习自己的学生。我们的教师是不会违规家教的。而我在和新加坡一些教师接触的过程中了解到，这"2小时"是很难监控的，个别名校的教师拿到的补习津贴甚至超过学校发的工资，教育部也只能睁一只眼闭一只眼……

关于新加坡居民的生活保障，讲课的教师都会告诉我们，新加坡是如何如何的务实，新加坡组屋的政策是如何如何的以人为本，新加坡的福利体系是如何如何的完善科学。但是在访谈中发现，在新加坡生病是一件很可怕的事，医疗费用超级高，尤其是老年人。一般退休之后会有一大笔的公积金，但有些老人在退休以后依然选择工作，因为他们没有了工资，只有这笔公积金，一旦这笔钱挪作他用，则会晚景凄凉。

……

还有更多引发我们思考的东西。

比如，一边是非常重视学生的阅读，重视学生的实践能力培养（据了解，新加坡学生的问题解决能力连续几年在国际比赛中名列前茅，有几年甚至是第一），一边又是各种文化补习班遍地开花。

比如，讲课教师对我们说新加坡的第二语言教育制度设计得如何如何好，但事实上，在和新加坡多名华侨接触的过程中，他们无一例外地谈到新加坡的华语教育问题多多，学生华语水平堪忧。

......

对新加坡，我们需要不断地解构—重构—再解构—再重构……如此循环往复，慢慢地我们才会了解得更真切、更全面。即便上述我所讲到的几点认识，肯定是片面的，甚至是错误的，我当然也不会轻信。

为了避免盲从，在新加坡学习的这40多天，除了从讲课教师那里听到，从现场考察中看到，我更愿意深入到新加坡的角角落落去走，去看，去听，去和新加坡人交朋友，获得更加鲜活、真实、多元的资讯。

看到的，不一定是真的；听到的，也不一定是真的。

专注于课程

芬兰教育全球第一，校长却从不听老师的课，也没有公开课的说法。校长最重视的是每年年初召集学术委员会对教师的个性化课程进行评审。

被誉为"教育圣徒"的全美最佳教师艾斯奎斯·雷夫在访华中屡屡提及美国没有公开课。他几十年如一日地守望着自己的教室默默地耕耘，他的第 56 号教室和莎士比亚戏剧课程成为了一种文化现象。

我国香港、台湾地区的教师上一节公开课不会反复打磨，校长也很少进入老师的课堂听课，他们最关心的是老师给孩子们开设了怎样的个性化课程。

反观我们身边，观摩公开课已然成为一大盛事。讲课者你方唱罢我登场，听课者翘首企盼趋之若鹜。日常教研活动也大多是几位老师上几节课后大家就课论课，是谓研讨。

细细比照我们不难发现，身边的大部分一线教师专注于怎么把一节课上得漂亮，而上述国家和地区的老师们则早已把目光聚焦到自己的课程上。

其实传统语文教育的诸多先行者也是很重视课程建设的。他们绝不把上好公开课当作毕生追求，而是专注于个性化课程建设，用课程滋养一代代学子。也许终其一生，他们都无法在公开课舞台上熠熠闪光，却熏陶出了一批批很出色的学生。

著名学者金克木先生在《国文教员》一文中，回忆私塾先生：

"他的教法很简单，不逐字逐句讲解，认为学生能自己懂的都不讲，只提问，试试懂不懂。……教科书可以不背，油印课文非背不可。文长，还没轮流完就下课。文短，背得好，背完了，一堂课还有时间，他就发挥几句，或短或长，仿佛随意谈话。一听摇铃，不论讲完话没有，立即下课。"

这位国文教员的语文课有这么几点值得关注。一是自编教材供学生阅读；二是让学生大量背诵名篇；三是适度精当地讲解。可以想见他的课绝不像当下的公开课那样"养眼"，但"养人"——培养出了像金克木那样的大师级人物。

无论是金克木先生的国文教员，还是芬兰、美国以及我国香港、台湾等地的老师，他们的共性是专注于学生的成长，专注于自己的课程——当然这里的"自己的课程"，是指教好基础课程前提下的自主开发课程。

这样的老师没有把大量的时间花在研究一节课怎么上得漂亮，而是埋首于个性化课程，努力将他们的才情、兴趣、爱好，融合在富有生命气息的"师本课程"中。这样的老师也许上不出精彩的语文课，但他们的语文课程可以是精彩的。于他们来说，精彩的语文课程不是完美的教科书，不是漂亮的课堂，而是教师本身。

专注于自己的课程需要修炼自身。教师要爱读乐写，提升自己的语文学养，做到举手投足间信手拈来，字字句句皆是语文。

专注于自己的课程需要寻找自我。教师要少克隆名师公开课的一招一式，多思考自己有哪些优势，可以开发怎样的课程，孩子们可以从课程中获得怎样的教益。

专注于自己的课程更宜"抱朴守一"。教师要善于"咬定青山不放松"，自觉地警惕肤浅的热闹与速朽的流行，"板凳甘坐十年冷"。

所幸这样专注于课程的语文老师逐渐多起来。常丽华的"小蚂蚁教室"，韩兴娥的"海量阅读"，李祖文的"阅读教室"，刘发建的"鲁迅课程"，刘敏威的"小红楼课程"……

相信像这样心无旁骛、虔敬地专注于自己课程的老师一定会越来越多，语文教育未来的希望也许就在这样的老师身上。

人工智能时代，
未来教育何为

——未来教育畅想曲

　　我们畅想的不只是中国的教育，可能是未来整个世界的教育大趋势；我们所指的未来，不只是10年，可能是20年、30年乃至更长时间。

——题记

　　谈未来教育，就要回到教育的本质上去思考。

　　教育的本质是为人的发展服务；教育的本质也是为社会发展服务。

　　未来10年乃至更长一段时间将是人工智能时代，未来教育的目标将产生深刻的变化。过去相当长一段时间，教育是以培养标准化流水线式的熟练工人为主要目标，而这些流水线式的工人将会逐渐被人工智能所取代。因此未来的教育，将以培养创新型人才为核心目标。

　　未来教育如何为创新型人才服务？未来教育何为？本文试图从以下四个维度展开畅想：

　　环境——人——课程——评价。

　　环境——学校不再是一个固定的场域，而是虚拟学校和现实学校的叠加。

学生、教师可以有一段时间在家学习、工作，无边界学习、工作将逐渐成为现实。整个世界是未来学校的泛在学习资源。学生不再每天到学校去读书，关于"是什么"（知识）的学习，可以通过网络社群自主完成，基于网络的跨地域、跨国界学习将悄然流行，全球的教师都可以成为所有学生的老师；关于"为什么"（情感、态度、价值观）的学习，将主要通过线下交流完成，线下的学习地点不一定在一所具体的学校里，博物馆、图书馆、科学馆、旅游景区、菜市场……所有的场域都可以成为课堂。

人——教师、学生、机器人和教育智库组成学习共同体。

未来教育，机器人将逐渐成为教师的得力助手，学生网上作业将大部分由机器人直接批阅。围棋、钢琴、绘画等大量体艺类课程将直接由机器人承担。同时机器人将借助大数据诊断每个学习个体的个性化学习风格，并基于学习风格的明晰判断自动生成学习资源链接与后续个性化学习指导，基于每个个体的人工智能学习顾问或可成为现实。

教师的主要功能将由过去的"传道、授业、解惑"变为学习平台的建设与维护者、学习社群的平等参与者、深度学习的主动促进者。各行业的顶尖人才或将成为兼职教师或教育智库，他们可以把最前沿的各领域资讯贡献给教师和学生。

学生不再固定编班，班级的概念将逐渐消失。学生将根据天赋、兴趣、特长、学习风格以及学习潜能灵活参与社群学习，一个学生可以在不同的时间段或同一时段拥有不同的同学。同桌的你将成为美丽往事。

课程——学科边界将越来越趋向模糊与融合，传统的分科课程逐渐消失。

项目学习、真实问题解决和体验式学习将成为主要课程样态，学习将主要采用自主探究和小组合作来完成。大部分学习将被置于真实的情境体验中进行，真实的任务驱动式学习将成为学习方式的主流。

评价——对学校、教师、学生的评价将逐渐产生深刻变革。

衡量一所学校是否卓越，不再关注升学率（"升学率"这个词语也将逐渐消失），而是看学生的创新产品与学校对创新型人才的贡献率。

未来教师将不再以教学艺术取胜，而是以是否能够读懂学生、与学生很好相处，并有效促进学生创意学习为衡量一个教师是否优秀的主要标志。

一个老师监考一群学生以获取分数为主要目标的考试将会逐渐消亡。基于互联网技术的虚拟评价和线下表现性评价将作为主要的评价方式，长线学习成果（创意设计与产品）呈现将作为考试的主要内容。机器人＋学生＋老师＋家长＋专家将成为共同的考官。责任感、创新能力、探究能力、合作能力、现场综合表现能力将作为评价学生素养的核心指标。

未来教育，无边界自由学习将成为现实；

未来教育，师生的创新能力将会被释放；

未来教育，每个人的梦想都会得到放飞。

（注：此短文为当堂作业）

"我是中国作者，我自豪"

——狮城觅书记

（一）

去一趟新加坡国家图书馆是早就规划好的行程。

新加坡国家图书馆位于武吉士地铁站附近，是新加坡最有文化气息的地方。

那里的"树屋少儿图书馆"尤为有名。

2017年11月16日傍晚，我走进了国家图书馆，看到了最富想象力和童趣的"树屋少儿图书馆"。

儿童图书馆装饰得很有童心，整个设计就像一个童话城堡，整个城堡犹如森林，到处是仿真的树木、藤蔓、花草，许多可爱的"猴子"倒挂其间。

一进门就看到了特别温馨的画面：

母亲坐着给大儿子（四岁左右）讲故事；稍小一点的孩子大概还不会走路，就趴在地上翻书。

空旷处，父亲手牵着小儿子；女儿光着脚趴在地上安静阅读。

另一侧半封闭的童话樱桃园里，三个孩子正专心致志地阅读。樱桃园里散落着一堆书，书籍种类琳琅满目。

整个图书馆安静有序。放慢脚步，轻轻行走，小心拍照，生怕打扰了这份静谧。

时间不早了，国家图书馆的其他地方未及细看便匆匆返程，改日再来。

（二）

几天后，我又去了一次国家图书馆。

机缘巧合，我发了一篇关于新加坡语文教育的访谈，通过微信公众号结识了王东先生一家人。

王东先生是河北邯郸人，也因机缘巧合把儿子送到新加坡国际学校就读（儿子王泓博是三年级时转过来的，当时正读六年级）。国际学校是十二年学制，妈妈李艳女士困惑于孩子华文水平有所下降，希望和我做个交流。

于是约了上午十点在文礼地铁站见面。

会合后，我们聊了会儿孩子学习华文的情况，我给他们提了一些建议。王先生提议带我到国家图书馆转转，听说我已经去过，李艳女士便建议带我去图书馆后面的百胜楼看看。据说百胜楼里有很多华文书。

百胜楼位于国家图书馆的左侧，两层楼高，建筑没有什么特色。

进入第一家书店（不好意思，店名真的忘了）。书店里的书英文居多，没啥特色。转了一圈，旋即离开。

路过另一家书店，店门口一溜儿排着近七八年新加坡名校试卷。王东先生告诉我，新加坡的应试教育是很厉害的，因为家长都很重视六年级的全国统一考试。这些名校卷子就成了每个孩子的案头必备。

"不止这一家，这里的书店几乎家家都有！"王先生补充道。

我倒抽一口凉气。

看来新加坡孩子、新加坡家长以及暂住新加坡的中国人，对新加坡教育的认识是不尽相同的。哈，这也正常，横看成岭侧成峰嘛！

果然，后面路过的几家书店，最显眼处一溜儿摆放名校试卷集，无一例外。

一笑，走开。

"我带你去另一家华文书店，保证不会让你失望！"李艳女士说。

我跟着他们来到友谊书斋。店名没啥特色，先进去看看吧。

李艳女士告诉我，这是一家纯中文的书店，里边卖的不少书是和教育有关的，也有其他比较好的中文书。

进入书店，穿梭书架间，我发现了很多熟悉的书。不少书家里有，有的只听过书名没有读过，但知道它们的分量。教育、哲学、历史、文学……随处可见经典的书。

徐复观、牟宗山、王国维、钱穆、林庚、季羡林、金克木……一个个熠熠闪光的名字，一本本值得收藏的好书，还有不少是近些年出版的教育类书籍，《如何阅读一本书》《朗读手册》等赫然在列。

我惊叹于书店老板选书的眼光，更惊叹于新加坡这个小小的岛国居然还有人阅读这么专业甚至略显艰深的中文书。

中文不老，汉字有光！

继续穿梭书架间。突然，一本熟悉的封面映入我的眼帘！我怀疑自己看错了，凑近了仔细再看。

没错！是我编著的《小学生萧红读本》！

真神奇！居然在异国他乡遇见自己编写的书。一刹那，真有一种与老友邂逅他国的错觉！

六年前编写的这本小书，居然漂洋过海在新加坡的书店里等我。

缘，妙不可言！

《小学生萧红读本》的边上，紧挨着我的朋友张学青编写的《小学生沈从文读本》。和这两本书成系列的，还有鲁迅、巴金、老舍、朱自清、丰子恺、叶圣陶、冰心、汪曾祺读本。

这套书在著名学者钱理群先生的领衔下，由刘发建执行主编，我和朋友们共同编写的。历经十年，它们没有淹没在茫茫书海中，反而得到越来越多人的认同和喜爱，不少老师甚至学校直接用它们作为小学生补充读本。六年来，书的销量突破了 500 万套，平均每本卖了 50 万册。

这不能不说是一个奇迹。

在新加坡和自己的书相遇，一种他乡遇知己的感觉油然而生！

"老板，请查一下，这套书其他几本还有吗？"我希望见到朋友们编写的书。

"不好意思，其他的都卖光了！"

哈哈，看来，萧红和沈从文的是最不好卖的。

那又有什么关系呢？不好卖才会在狮城遇见我。

冥冥中，不早也不迟，就在此地，就在此刻，静静等我，一切刚好。

我想买下这本书送给泓博同学，泓博同学的爸爸抢先买了单。我在扉页签上自己的名字，把书交到泓博同学手里。

书店老板走过来对我说：来！给你拍个照！中国作者光顾本书店喽！

哈哈，中国作者摆了一个酷酷的姿势。"咔嚓"一声，老板心满意足地拍下了"中国作者光顾友谊书斋"的照片。

一瞬间，我似乎觉得自己蛮了不起，居然成了"中国作者"，哈哈！

我跟老板说，中国作者的几本新书即将出版，希望有机会成为这里的新成员。

老板递给中国作者一张名片，中国作者小心地把它放在皮夹里。

回到公寓，我给爱人发了条短信："我是中国作者，我自豪！"

　　　　　　　　　第四辑　不一样的教育视野